语言的艺术

戴尔·卡耐基 / 著

二十一世纪出版社集团
21st Century Publishing Group

图书在版编目（CIP）数据

语言的艺术 / (美) 卡耐基著；牧村译 . -- 南昌：
二十一世纪出版社集团，2015.6 (2022.4重印)

ISBN 978-7-5568-0823-6

Ⅰ . ①语… Ⅱ . ①卡… ②牧… Ⅲ . ①语言艺术—
通俗读物 Ⅳ . ① H019-49

中国版本图书馆 CIP 数据核字 (2015) 第 101306 号

语言的艺术

戴尔·卡耐基 / 著

责任编辑 敖登格日乐
出版发行 二十一世纪出版社集团
（江西省南昌市子安路 75 号　330009）
www.21cccc.com　cc21@163.net
出 版 人 张秋林
经　　销 新华书店
印　　刷 三河市人民印务有限公司
版　　次 2015 年 9 月第 1 版　2022 年 4 月第 3 次印刷
开　　本 880 mm × 1230 mm　1/32
印　　张 6.5
字　　数 130 千
书　　号 ISBN 978-7-5568-0823-6
定　　价 28.00 元

赣版权登字—04—2015—395
如发现印装质量问题，请寄本社图书发行公司调换 0791-86524997

克服在人前说话的恐惧与不安

畅销书排行榜

畅销全球，历久不衰，至今仍在持续中……

名人推荐

除了自由女神，卡耐基或许就是美国的象征。

——美国《时代周刊》

在出版史上，没有任何一本书能像卡耐基那样持久地深入人心，也唯有卡耐基的书，才能在他辞世半个世纪后，还占据着我们的排行榜。

——《纽约时报》

与我们应取得的成就相比，我们只不过是半醒着，我们只利用了身心资源的一部分。卡耐基因为帮助职业人士开发他们蕴藏着的潜能，在成人教育中掀起了一种风靡全球的运动。

——威廉·詹姆斯（哈佛大学著名心理学教授）

由卡耐基开创并倡导的个人成功学，已经成为这个时代有志青年迈向成功的阶梯，通过它的传播和教导，无数人明白了积极生活的意义，并由此改变了他们的命运。卡耐基留给我们的不仅仅是几本书和一所学校，其实真正价值是：他把个人成功的技巧传授给了每一个想成功的年轻人。

——肯尼迪总统（1963 年在卡耐基逝世纪念会上的演讲）

你真想将自己的生活改变的更好吗？如果是，那么本书可能是你们遇到的最好的书之一。

阅读它，再阅读它，然后开始行动。

——奥格·曼丁诺《世界上最伟大的推销员》作者

《读者文摘》推介

本书对你有什么影响

改变你陈旧的观念，给你新的一页，让你耳目一新！

使你交友迅速，广受欢迎，易得知己。

帮助你不畏困难，建立积极的人生观。

帮助你使人赞同你，喜欢你。

增加你的声望，和你成功事业的能力。

使你获得新的机会。

增加你赚钱的能力。

帮助你成为一个更好的推销员或高级职员。

帮助你应付抱怨，避免责难，使你与人相亲相爱。

使你成为一个更好的演说家，一个健谈者。

使你每日生活中，易于应用这些心理学上的原则。

使得有你在的场合，便可激起人生的热忱。

作者简介

戴尔·卡耐基，被誉为 20 世纪人类最伟大的人生导师，也是成功学大师。

卡耐基于 1888 年 11 月 24 日出生在美国密苏里州的一个贫苦农民家庭，是一个朴实的农家子弟，他的童年和其他美国中西部农村的男孩子并没有什么不同，他帮父母干杂事、挤牛奶，即使贫穷也不以为意。这或许是因为他根本不觉得自己家里很贫穷。在那个没有农业机械的年代，他和父亲同样做着那些繁重的体力活，而一年的辛劳却可能因为一场水灾而付诸东流，或者被骄阳晒枯了，或者喂了蝗虫。卡耐基眼见父亲因为这些永无终止的操劳而备受折磨，发誓绝不拿自己的一生来和天气赌每年收成到底是如何。

如果说卡耐基的童年和其他农村男孩子有什么不同的话，那主要是受到他母亲的强烈影响。她是一名虔诚的教徒，在嫁给卡耐基的父亲之前曾当过教员。她鼓励卡耐基接受教育，她的梦想是让儿子将来当一名传教士或教师。

1904 年，卡耐基高中毕业后就读于密苏里州华伦斯堡州立师范学院。他虽然得到全额奖学金，但由于家境的贫困，他还必须参加各种工作，以赚取必要的生活费用。这使他感到羞耻，养成了一种自卑的心理。因而，他想寻求出人头地的快捷方式。在学校里，具有特殊影响和名望的人，一类是棒球球员，一类是那些辩论和演讲获胜的人。他知道自己没有运动员的才华，就决心在演讲比赛上获胜。他花了几个月的时间练习演讲，但一次又一次地失败了。失败带给他的失望和灰心，甚至使他想到自杀。然而在第二年里，他开始获胜了。

当时，他的目标是得到学位和教员资格证书，好在家乡的学校教书。

但是，卡耐基毕业后并没有去教书。他前往国际函授学校总部所在地丹佛市，为该校做推销员，薪水是一天两美元，这笔收入可以支付他的房租和膳食，此外还有推销的佣金。

尽管卡耐基尽了最大的努力，但是并不太成功，于是又改而推销肉类产品。为了找到这种工作，他一路上免费为一个牧场主人的马匹喂水、喂食，搭这人的便车来到了奥马哈市，当上了推销员，周薪为 17.31 美元，比他父亲一年的收入还要高。

虽然卡耐基的推销干得很成功，成绩由他那个区域内的第 25 名跃升为第 1 名，但他拒绝升任经理，而是带着积攒下来的钱来到纽约，当了一名演员。作为演员，卡耐基唯一的演出是在话剧《马戏团的波莉》中担任一个角色。在这次话剧旅行演出一年之后，卡耐基断定自己干戏剧这行没有前途，于是他又改回推销的老本行，为一家汽车公司推销汽车。

但做推销员并不是卡耐基的理想。

在他从事汽车推销时，他对自己的能力很怀疑。

有一天，一位老者想买车，卡耐基又背诵了那套"车经"。

老者淡淡地说："无所谓的，我还走得动，开车只不过是尝一尝新鲜劲儿，因为我年轻时曾梦想成为汽车设计师，那时还没有汽车呢……"

老者的一番话，慢慢吸引了卡耐基。他详细地和老者讨论起自己在公司的情况，后来他们的谈话又转到了人生的话题。卡耐基讲述了自己最近的烦恼："那天凌晨，对看一盏孤灯，我对自己说，'我在做什么，我的梦想是什么，如果我想要成为作家，那为什么不从事写作呢？'您认为我的看法对吗？"

"好孩子，非常棒！"老者的脸上露出轻松的笑容，继而说："你为什么要为一个你不关心又不能付你高薪的公司卖命呢？你不是想赚大钱吗？写作，在今天也是个不错的选择呀！"

"不，老先生，放弃工作是不可能的，除非我有别的事可做。但是我能做什么呢？我有什么能力能让自己满意地赚钱和生活呢？"卡耐基问。

老者说："你的职业应该是能使你感兴趣，并发挥才能的。既然写作很适合你，为什么不试一试？"

这一句话，让卡耐基茅塞顿开。那份埋藏在胸中奔涌已久的写作激情，被老者的几句话给激活了。

于是，从那天起，卡耐基决定换一种生活。他要当一位受人尊敬、受人爱戴的伟大作家……

一个偶然的机会，卡耐基发现自己所在城市的青年会（YMCA）在招聘一名讲授商务技巧的夜大老师。于是他前去应聘，并且被录用了。

卡耐基的公开演说课程，不仅包括了演说的历史，还有演说的原理知识。除此之外，他还发明了一种独特而非常有效的教学方式。

当他第一次为学员上课时，就直接点名让学员谈他们自己，向大家讲述他们日常生活中发生的事。当一个学员说完以后，另一个学员接着站起来说，然后再让其他学员站起来说。这样，直到班上每一个学员都发表过简短的谈话。

卡耐基后来说："在不知道究竟该怎么办的情况下，我误打误撞，找到了帮助学员克服恐惧的最佳方法。"

从此以后，卡耐基这种鼓励所有学员共同参与的教学方法，成为激发学员兴趣和确保学员出席的最有效方法。虽然这种方法在当时尚无先例，也没有什么方法可以评定他这套方法的效果，但它确实奏效了，并且已经在全世界教出了许多更会说话且更有信心的人。

这一哲理的成功，可以从成千上万名毕业学员写来的信中得到证明。写这些信的学员有工厂工人、家庭主妇、政界人士、公司负责人、教师及传教士，他们的职业遍及了各行各业。

卡耐基于 1955 年 11 月 1 日去世，只差几个星期 67 岁。追悼会在森林山举行，被葬在密苏里州他父母亲墓地的附近。

1955 年 11 月 3 日，华盛顿一家报纸刊载了下面这段文字：

那些愤世嫉俗的人过去常常揣测，如果每个人都接受并且遵照卡耐基的话语去做，那将会成什么局面？卡耐基先生在星期二去世了，他从来不屑于这些世故者的风凉话。他知道自己所做的事，而且做得极好。他在自己的书中和课程上，努力教导一般人克服无能的感觉，学会如何讲话、如何为人处世。

千百万人受到他的影响，他的这些哲理如文明一样古老，如"十诫"一般简明，对于人们在这个狂乱的年代里获得快乐和成就极有帮助。

目　录

第十二章　慎重词汇的运用

前　言

与人之间的基本沟通，并不是郎才女貌长得漂亮就 OK 了！而是取之于他们的表达方式。良好的说话方式，就是一种最好的表达方法，它能为您带来无限的友谊，让您在成功的阶梯上处处受到欢迎……然而，说话虽然是与生俱来的一种能力，可是一旦要实施它，才发现并不容易！

在社会上，不但有人讨厌在人前说话，甚至抱有恐惧感的人也很多。在还未克服这项缺点之前，不管是在社交方面或是个人的成长点上，都无法进行得很顺利。

希望能在人前快乐地畅谈而又有自信的人，大部分都不愿花钱和时间去学习什么演讲理论、发音法，或是什么模仿姿势。卡耐基所提供的有效说话法之所以那么成功，就是因为能直接而迅速地显现效果。

卡耐基回想："我班上最初人数很少，而一开始我的教学内容也太死板，只是把自己以前所学的，一字不漏地教给学员。

不久之后，我发现这种教法并不符合学员的期望。因为，这对一味想追求实际效果的人而言，等于只让他们学习无味的独白，而对成功的谈吐没有任何作用……

"过了不久，我明白学习者最大的问题在于恐惧感，也就是站在观众面前说话的恐惧感。为了消除他们的恐惧感，我决定让他们练习在人前说话，即使只说一两个字都没关系，这种教法比先前的教法有效十倍以上。"

当你独处的时候，头脑对事物的思考是那么井然有序，但是一到人前，脑中却是一片空白，这是为什么呢？若你在人前想说些什么却一直发抖而无法开口，这时你就此放弃了吗？不！绝对不行！这是可以改善的。本书就曾经帮助过好几百万人借着训练和不断的练习，让他们战胜了一切恐惧，而成为有自信的人。

第一章

培养勇气和自信

笔者所开办的演说训练班，有许多人来上课。当我问他们来此受训的"动机和期待"时，他们给了我很多答案。但是追根究底的话，可以归纳出一个共同点，即无论是谁都会异口同声地这样回答——当被要求在大众面前讲话时，站起来的我，突然血液上升、口齿不清、丧失集中力、连要说什么都忘记了……我希望能够变得自信、沉着，能够立刻归纳思绪，在商谈、在朋友面前，还有一般听众面前，都能清楚地将自己的想法用具有说服力的方式，侃侃而谈。

　　举个实例——肯特先生在我开讲后的某一天招待我到工商俱乐部午餐。如此活跃的中年绅士，既是公司负责人，也是教会、市民活动的领袖人物。然而，这个深具才华的人，却跟我商量：

　　"老师，我到目前为止，曾数次被邀请在各种场合演讲，但我一次也没接受。真不好意思，当我一站到众人面前，脑中就一片空白！现在，我却成为大学评议会的会长。所以，即使讨厌说话，也不得不面对这个难题。我已这把年纪了，您认为训练后能变得会说话吗？"

　　"肯特先生，你想变得会说话，这不是先'想'的问题。

我能确定的是，只要你努力学习，加上确实地遵从方法的话，你当然会变得能言善道。"

他虽同意我的看法，但同时也觉得我未免太过乐观了，因此他又不安地说："恐怕老师只是为了鼓舞我，才这么说的吧！"

从此以后，我和肯特先生一直没有碰面的机会。

约3年后，我和他再次重逢，仍是在和以前一样的午餐会上。我问他："肯特先生，我以前所说的意见太过乐观了吗？"

他一面露出满意的笑容，一面让我看他红色记事簿上排得密密麻麻的演讲日程表。

"我非常满足！我有演说的才能，使我非常高兴，而且，最重要的是，我的话对人们多少有些帮助。"愉快的心情，连我都感受到了。

他的进步是特例吗？不！还有很多磨炼成功的例子。

以住在布鲁克林的卡其司医师为例。职业棒球迷的这位医师，某年在佛罗里达"巨人"棒球场的附近度过冬天。他经常去看球赛练习，所以便和球员熟悉起来。有一天他被邀请参加球队的聚会。餐会结束，对卡其司医师而言，就如同是晴天霹雳一样——因为这段时间是所谓的"贵宾致词"时间。

"今晚有位贵宾来到这里，现在就请卡其司医师跟我们谈一谈，关于棒球选手的健康问题吧！"

司仪的话，如同炸弹一般。当然，关于说话的内容他比谁都内行。对于已有30年以上医疗经验的人而言，若这只是邻居在发问的话，或许可以说上一整夜，但是一站在众人面前，就……

卡其司医师身体麻痹、心脏狂跳。这不是没有道理的，因为在此之前他未曾有过在众人面前说话的经验。因此，该说的内容早就飞得老远了。

他一直打"不"的主意，但"观众"视线越是集中，掌声越是高扬，恰如给第四棒打者的加油声，反复着："卡其司医师，演讲！演讲！"身在其中，挫折感是可以想见的。无法忍受如此窘境的他，马上一语不发地逃了出来，如同被打败的公鸡一样，颓丧莫名！

回到布鲁克林之后，他到我的班上来，这是非常明智的选择。

他是个非常认真、热心的好学生。想变得能言善道的热切期望，使他完美地整理演讲稿，兴致高昂地练习，从没有缺席过一次。

当然，他的进步很显著，具有达到预期以上的效果。当初神经质的态度减少了，也有自信了。两个月以后，变成班上很有人缘的演说家了。

之后，他应各方面要求做演讲，而被人们肯定。在众人面前说话的意兴昂扬，及因这样的机缘得到了许多朋友，不是比任何事都来得高兴吗？终于，纽约的共和党选举委员会请他为党助一臂之力。来邀请他的政治家对于这位一年前尚不能站在众人面前说话，甚且几乎要逃出场外的人，现在居然……而深感大惑不解。

——具有自信和勇气。

——一边在人面前说话，一边冷静地整理思绪的能力。

学习这些，比你想象中的还要容易得多。这是上天赐予每个人的礼物，说起来就如高尔夫的技巧一样，只要努力学习、不断练习，终必有成。

请您想想看，坐着时能考虑的内容，为何站起来就不能考虑了呢？

事实上，在众人面前应该是有利于思考，为什么？因为有倾听自己说话的人，就会刺激我们发挥无穷的思考潜能。

很多有名的演说家都异口同声地说：听众可以激发灵感，使头脑清晰、敏锐。

连自己都没注意到的思想或已忘了的事例、没想到的主意等等，都会因此而骤然被想起。借用亨利·比查的话："如行云流水般地在自己的脑海中流过。"

意识性的训练，任谁也会有这样的经验。我深信随着反复地训练，能消除对于听众恐惧的心理，也能得到自信和勇气。

请丢弃只认为自己是特别低能的（无意义的）自卑感。凡是能被称为名演说家的人，其最初都是曾被眼前的黑暗和恐惧感所俘虏过的。

名演说家威廉·布来安是累积多年经验的资深者，但他当初在众人面前演说时，也是两脚直打颤的。

美国作家马克·吐温，据说一上讲台，口中便像塞满棉花，心脏狂跳。

连格兰特将军，起初在听众面前也不知怎么竟自认为患上脊髓病。

法国出生的名演说家乔雷斯，成为议员后的一年里，无论如何也不敢开口，只是蜷缩在议场的角落里。

英国政治家路易·乔治说："我当初在民众面前演说时，说实在的非常悲惨，即使想照本宣科都不行，因为嘴巴动弹不得啊！连开头第一句话都说不出口。"

19世纪英国闻名的政治家约翰·布莱特，他的处女演说是在村里的学校，以几个村民为对象的。去演讲的途中，他一边走着，一边害怕得不得了，听说还拜托一起去的同伴说："若我停顿下来，请马上拍手给我勇气。"

爱尔兰伟大的领导者查尔斯·内帕尔，以演说知名于世，据说当初他也是"一上台就完了"的人。因过于激动有好几次都要紧握拳头，甚至咬破指头而流血……

英国首相狄斯雷里，最初在下议院演说时，据说他宁可率兵去冲锋陷阵，也不愿作这一场演说。当然，演讲是失败了的。

事实上——著名的演说家，每个人的处女演说都是失败的居多。

也许正因为如此，如果首次演说很成功的人，反被认为是无法成大器的人。所以，即使当众说话很困难，也不可以泄气。

我看到很多人演讲进步的过程，都是循序渐进的。所以，刚开始时即使表现得不沉着，后来也都可以渐入佳境，以至令人满意。

在面对二三十人的小型企业会议中，说话这件事是负有责任的。

这是某种紧张感、某种 shock，或许可以说是兴奋。所谓说话者就如上了缰绳的赛马一样，被引诱到迎向起跑点的兴奋状态。

不朽的辩论家基可洛，早在两千年前就已经看出，公开演讲的价值在于使说话者的说服力日益精进。

不敢当众开口的恐惧症不只发生在讲台上，在麦克风之前也是有的，我们姑且称之为"麦克风恐惧症"吧。

超级巨星卓别林曾说：多年来早已习惯了面对观众的舞台生涯，但只要一进隔音装置齐全的录音室，感觉上就如漂流在狂涛巨浪中的小船，连胃都觉得咕噜咕噜地叫个不停……

演员兼导演的詹姆斯·卡库德，也有这样的经验。在观众面前是耀眼的明星，一在看不见听众的情况下，就完全走了样，当他从录音间走出，总是挥汗如雨……"跟这码子事比起来，在百老汇的首演可真是轻松啊！"——他这么认为。

在这儿，我们来谈谈伟大的林肯总统的故事。

据熟知他的人这么说："刚开始演讲时的他，非常不圆滑，总无法自然地把自己融入周围的气氛中。因为必须和畏惧、腼腆的性格做斗争，结果反变得更不自然。我一直很同情这样的林肯——尖锐刺耳的声音说不上动听，他的言行、态度、黝黑的脸、又皱又干的皮肤……有很多不利于站在台上的特征。但随着说话的进步，整个人也焕发出稳重、温文、诚实的韵味，而这成了他独特、优越的演讲……"

我想各位一开始的经验，必定和林肯一样的吧！

为了能够使演讲进步，我举下列 4 个重点来说明。

1. 要有强烈的愿望

这件事比你想象的还要重要。我若是能够透视你的心理、测知你的热情，我便能预测你进步的程度。若是希望褪了色、不强烈的话，结果也一定是很惨的。你要像追老鼠的猫一般，不屈不挠是引导向上的唯一力量。

为鼓起学习的热诚，请预估变得会说话的好处吧——变得会说话以后的你，能够获得朋友和影响力大增、指挥领导皆能得心应手……或许还会有超乎你想象的成果！

巨富帝彪，他的成功是有目共睹的，他说：事实上与其被称为大资本家，我宁愿被称为伟大的演说家。

想变得会说话，大概是每一个受过教育的人心中都有的渴望。美国的钢铁大王安德鲁·卡耐基死后，在他的遗物中发现了他 33 岁时所作的人生计划，其中提到在其后的努力中应该可以有 5 万美元的收入，所以打算在 35 岁退休，再到牛津大学去读书，并要特别致力于大众面前的说话方法……这是个意义深远的小故事吧！

我已经旅游过世界许多地方，也累积了各种经验，若问我什么事最得意时，我会毫不犹豫地这么回答："没有比站在听众面前，使他们对你的意见频频点头称是，更令我满足的了！"

这件事不但是我的骄傲，而且，也使我感受到其中种种不可思议的魅力和惊喜。

"我在两分钟之前，即使被鞭打，也不愿开口演说；但在两分钟后，即使要受枪毙，也不愿就此结束演说。"——也有人如此抒发感想。

无论什么事，在努力的过程中，谁都会有不只一次的胆怯。当然就这样一蹶不振的人，也不在少数！所以，要经常考虑说话的种种意义和价值。

切记：唯有热忱，才是导向最后胜利的重要关键。

固定每个星期日必读这一页，主要是整理你自己向上的条件，尽可能把自己置于无可退却的绝境。总之，要有"背水一战"的觉悟！

罗马大将西泽，率领军队横渡杜巴海峡，登陆（现在的）英国时，为了赢得胜利，做了多么巧妙的事——他命令士兵们驻足在杜巴海峡的岩壁上，俯瞰自己的船在 700 公尺下的海上，竟一只也不剩地被火红的火焰包围。也就是说他们和大陆最后的联系已断裂，除了前进、征服以外，再没有其他的退路了。当然，这次作战是报捷了。所谓"永恒的西泽气魄"，就是如此。

你所面对的"敌人"是什么呢？想必是面对听众的恐惧感吧，你不妨也学习一下"西泽的气魄"吧！

2. 彻底了解你要讲的话

演说之前，如果不预先拟好计划，当你站到群众面前，必将感到手足无措；因为这就像一个盲人在领导一群盲人，不免要感到生疏、懊悔以及羞愧了。

老罗斯福总统在他的自传中这样写着："在1881年秋天，我被选为参议员的时候，发觉我是议员中最年轻的，我像一切年轻人以及所有当选的议员一样，对于讲话很感痛苦。后来我在一位固执的老乡那里得到了很大的教益——他对威灵顿公爵和别人都曾有过批评，他有一句忠言是：'沉默吧！除非你感到确实有话要说，而且还抓住了听众心理，能让他们赞同你的意见，一旦你讲完了，就坐下来。'"

这位固执的老乡，应该也把克服恐惧的方法教给老罗斯福，他应加上这么一段话："如果你在听众面前能够找到一些事情做，这就可以帮助你放松自己。例如，在黑板上写几个字，或是在地图上指出一处地方，或是搬动一下桌子、打开一下窗子、移动一下书籍或是报纸——不论你采用哪一种动作，只要能够带着一些用意，都可以使你感觉到自然一些。"

这种纾解的机会，不是容易找到的。然而，这确实是一个很好的建议，如果你能够使用的时候，不妨使用一下，但是只可用在最初的几次。

3. 放胆去说

美国名心理学家威廉·詹姆斯，曾说过下面一段话：

动作好像是顺着感觉的，但实际上动作和感觉是同时发生的，所以我们当直接用意志去调节动作，这时连不由意志直接指挥的"感觉"，也被间接地纠正了。如果我们情绪低落，唯一的恢复方法，便是快活地站起来主动说话，愉快就如同和我们相处在一起了。如果连这办法都不能奏效，那便不再有别的方法了。所以，当我们感觉到勇敢时，我们就会真的变得勇气十足。用我们整个的意志去拥抱目的，是使你的勇敢能代替惧怕的唯一途径。

你应该用詹姆斯教授的忠告，对你的听众，发挥你的勇气。不过，若无事前充分的准备，光靠演技也是不可靠的。假如你要讲一些什么，你已经充分想好了，就该勇敢站出来，在面对听众之前，应该先做30秒的深呼吸——因为多吸一些氧气，可以增加不少精神和勇气。著名的高音歌手琴德·雷斯克说：你吸足了气，你便能支持住自己，慌乱的心绪也就消逝无踪了。

非洲中部泊尔族的青年，预备娶妻的时候，必须先受一回鞭笞的洗礼。在典礼中，该族的女子群聚一处，随着鼓声而拍手唱歌；那位受礼的青年，则赤裸着身体，仅在腰间披上一些遮盖物，便勇敢地大步走来。这时一个手执皮鞭的人，就对那青年用力鞭笞，像是鞭笞仇人一般，鞭得皮绽血流，而成为终身的创痕。这时候该族的长老，便伏在青年的脚前，双目炯炯地监视着青年是否有了移动或是什么痛楚的表示。那位青年为要成功地迈向婚姻之途，所以不但在挨打时竭力忍受，而且还要口唱颂歌。不论是哪个时代或哪个国家，对于勇敢的人可以说都是十分崇拜的。你不必去管你的心是如何七上八下，你只须十分勇敢地走向前去，稳定地站看，并且还做出你是真心喜欢这样的态度，像那受鞭笞典礼的非洲青年一样。

你挺直脊梁，目视前方，很自信地面对你的听众开始讲话。你想象听众们都欠了你的债，现在聚集着请求你再多放一些债。这种心理上的排练，对你是很有效的。

千万不要忸怩地解开或是扣上你的钮扣，或是揉着双手。这种不自然的动作万一不能免的话，你不妨把手放到背后去扭着手指；因为那里是没有人看到的——再不然，你不妨在鞋子中动动你的脚趾也好。

一般来说，演说者站在桌椅的后面是不对的；但在最初的一两分钟，你紧抓住桌椅，这样可以使你生出些勇气来，所以，在最初的一两分钟，如无桌椅可抓，则手中不妨紧握一枚钱币。

老罗斯福在当年是怎样发展他特殊的勇气和自信的呢？难道他冒险和大胆的精神是天生的吗？不，绝对不是。他在自传中说："因为我是一个病弱的小孩，所以我到青年时代，既多惧怕，又没自信。因此，除了要艰苦地锻炼我的身体，同时还要更艰苦地锻炼我的心灵。"

他是怎样改变的呢？他写道：

孩提的时候，对马烈特的故事很有兴趣，其中有一则给我印象最深。这故事讲的是一位英国某舰的舰长，教海上的战士们怎样去养成一种凡事无所畏怯的精神。他说，在开战之初每个人都会感到惧怕，但是，先使他们个个都把持住自己，装出一点也不怕的样子。这样，时候一久，战士们竟由假的不怕而变成为真的不怕了。起初看不见的勇气都奇迹似的浮现了。

起初，对我而言，害怕的对象无穷无尽，从大狗到一匹平常的马，或是手枪射击，我都会感到害怕；但是后来我装作不怕，慢慢地也真的不怕了。假如能这样做，大家都能得到这种好处。

如果你也用这种方法来训练你的演说，自然也可以得到这些效果。

法国的佛西大将说："战争中最好的防守——就是进攻。"

因此，你就不能错过走出去和它抗争而把它克服的大好机会。

你可以想象你是身负重任，想象你是一位被派往某地送信的信差。人家注意的是这封信的内容并不是传达的信差。这是一件十分重要的东西，你应该把整个的心思倾注上去。就如同你必先对你要表达的内容了解得十分透彻后，然后用自信的口气传达出来，这样一来，你就不难把握自己了。

4. 练习、练习、再练习

这里所要说的最重要的一点，即使你把最前面的话全忘掉，但是这一点是万万不可忘掉的。这就是你作好演说的第一个方法，也就是最后的方法，而且是永远不会失败的方法。说一句话，就是"练习、练习、不断地练习！"——这是成功，唯一不可或缺的条件。

罗斯福说："每一个新手，常常都有一种恐慌病，恐慌病并不是胆小，而是一种过度的精神紧张。初次站在许多听众的面前讲话，正像突然见到一只牡鹿，或是首次走上战场，这种人所需要的，不是勇气而是冷静。这是可以从练习中得来的，他必须要用习惯和反复的练习来克服这毛病，好使他的脑子可以完全受他的指挥，如果他是具有潜能的，那么，他每一次的练习，便能增加一次的能力。"

所以，练习必须要持之有恒！切不可松懈和轻忽。

你想把面对听众的恐惧心加以泯除吗？那么我们再来看看恐惧的原因在哪里。

罗宾逊教授在他的《精神的形成》一书上曾说："恐惧，乃是无知和犹豫不决的产物。"

换句话说，就是缺乏自信的结果。所以，如果你有一些成功的经验记录在心里，那你的恐惧，自然会像夜雾被日光驱散一样烟消雾散。

为了学会游泳，你就要跳进水里去。你读了本书已经有好几页了，暂时把书搁在一旁，做一些实际的演说吧！你把自己所知道的问题，选择一个作出 3 分钟的演说，你事先私下练习几遍，然后，尽你所能地去讲给众人或你同班的同学听。

备忘录

（1）我们学习演说的目的，在于培养自信和勇气，好成为真正的领袖。

（2）与其以一个人为对象，不如当众演说较能出现好的想法。因为大庭广众下的刺激较大，因而灵感也将源源不断。

（3）初次演说，感觉是嘴里好像被棉花塞住了，脉搏跳得很快。

（4）我宁愿成为一个大演说家，而不愿成为一个大事业家。

（5）我必须努力地锻炼我的身体，同时还要更艰苦地训练我的口才。

（6）要成为优秀的演说家，须具备以下 4 个要件——

成为演说家的强烈欲望。

事前的充分准备。

笃定的信心。

不断地练习。

第二章

自信来自万全的准备

多年来，笔者的职业、责任和兴趣，便是每年或每季倾听或是批评数千人的演说。

这些演说者，不是大学生，而是成年的商人和社会人士。作者在这些经验中印象最深的就是演说之前，应当有充分的预备，使要说的话确切而明了，并避免说些令人不快的话，这样便能吸引听众，使他们觉得你有一些有价值的东西要急于灌输到他们的脑海中去。这是演说者成功的秘诀。

如果一位演说的人，他有这样的魔力，那他就可以发现一件事实，就是他所要讲的话，没有什么拘束地、如活水般轻易而自然地喷涌出来。预备得十分充足的一篇演说，等于成功了十之八九。大家想要学习演说的主要原因，就是上一章所说的，是想获得一些自信和勇气。大家所常犯的毛病，就是忽略了演说之前的预备功夫。没有预备而敢登台演说，无异是带了空的枪械或是潮湿的弹药，甚至赤手空拳地奔赴战场，这怎么能克服恐惧和心慌呢？

林肯总统曾经在白宫中说："我相信，不论我到了多大的年龄，如果站在人家面前无话可说时，一定会感觉到十分窘迫的。"

如果你想得到坚定的自信，那就应该去做一种养成自信且坚强的事。《圣经》里也有句话："真的喜悦，可以驱除恐惧。"——完善的预备，也是这样的。

韦伯斯特说："如果只有一半的预备就去登台演说，便感觉像是半裸着身体站立在众人之前。"

想学习演说这门功课的人，为什么不去小心地多做预备呢？有些人不知道预备是什么，而且也不知道怎样才是聪明的预备。有人说是因为没有时间，所以我们在本章中，把这问题详细地讨论一下。

1.正确的准备法

什么叫做预备？念一本书吗？当然，这也是预备方法的一种。但不是最好的。念书对于自己的演说材料确实是有所帮助，然而，一个人从书本上去采取一大堆"罐头"思想，能原封不动地去讲给别人听吗？这种做法，总像有些缺失的。也许一般听众们并不知道缺点是什么，但是他们对演说者是不会产生共鸣的。

好几年前，作者曾为纽约市银行界的高级职员开办过一个公开的演说班。这班人都是大忙人，不会有充分的预备时间；他们有他们自己的生活，有独自的经验和见解，他们的演说材料，已经累积了40年，然而他们有些人竟不曾觉察到这一点。他们"见树不见林"，只看到被风吹得摇曳作响的松树，但是并不曾望见森林。

这一班的上课时间，是每星期五的下午5时至7时。有一次，某银行的杰克逊先生，在4点半的时候，知道他今天在班上应该要讲一些什么了。他走出办公室，在报摊上买了一本经济杂志，就在路上翻阅杂志中的一篇文章《你只有十年的成功时间》。他并不是感觉到这一篇文章有趣味而去读的，而是为了今天必须要讲一些话，而不得不去找一些材料。

一小时后，他便站起来把这篇文章的内容，试图用具有说服力的方式对大家演说。结果怎么样呢？他不曾把握这报道的内容、不曾把文章融会成他要说的话，虽然他在神气和声调上努力，但在他脑海中并不曾有真正需要讲出来的东西，这怎么能够希望听众比他自己所得的印象更深呢？

于是，笔者就对他说："杰克逊先生，写这篇文章的人并不在这里，而且我们也不认识他，所以我们对这篇文章并不感到兴味，我们所关心的还是你——杰克逊先生的意见。你为什么不把这个题目留在下星期讲，把这篇文章再读一遍，问你自己是否真的同意这位作者的见解呢？如果确实同意，请你用自己的经验来代他印证；如果不同意的话，那请你讲出原因，把这篇文章作为你自己发表演说的开端。"

杰克逊先生接受了这个建议，他把那篇文章重新读了一遍，觉得自己并不赞同那位作者的看法。于是他让自己的意见尽量发挥。他在看报的时候，又得到了几个意见的启示，和朋友谈论到这一个问题，又有新发现涌到脑海里。一星期内他挖掘愈多，他可说的话也愈多了。

下一次他站起来讲这个题目的时候，就有了自己的东西。这是从他自己的矿坑里开采出来的矿产，用他自己的原料制成的产品。他所以能够讲得很好，这完全是他和那篇文章的意见相反而激起的成功。这件事，可说是他个人演讲历程中的一个转机。

2. 永不失败的演说

同一个人，在两星期内讲同一个题目，竟会说出两种相反的话来，这真是令人不敢置信！再来举一个例子，表明一下怎样做和怎样不做。

我在华盛顿开办演说班的时候，有一位叫做法兰克的学员。有一天下午，他在演讲的时候，想把华盛顿的美景大加称赞一番。于是他从明星晚报刊出的一本游览指南上，急就章地搜集了一些枯燥的材料，这些是既无味也不联贯而且未曾消化的东西。他不曾好好想一下题目，而且也不能显出他的热忱，他不知道所讲的话是否值得一讲。结果，这一场演说，当然是在平淡乏味中草草收场。

过了两星期，有一件事触动了法兰克的灵感，那就是他的车子在公共停车场被偷了，他立刻报案，然而没有结果，警察局自认为对这桩窃案已经尽了力。

可是，就在一星期前，有好几位警察在街上闲散着，手里拿着粉笔，因为法兰克的汽车多停了 15 分钟，所以一定要罚他款。这些不怕惹怒善良公民又无力捕捉窃盗的"人民保姆"，可真是把法兰克给惹恼了。他不能再抑住愤怒，所以现在他是有了可说的材料，不再尽向明星晚报中去找死材料，而是他的生活经验中活生生的话题。

这是他本身的事所引起的情感和思想。所以当他演说华盛顿美景的时候，一句一句挤出来觉得十分吃力，而现在只要让他站在台上，一张开嘴，他对警察痛斥的话，真像黄河之水滔滔不绝地滚涌出来了。这样的演说差不多人人都会，而且是不大会失败的，因为这是由真实的经验，再加上了深思的缘故。

3. 怎样预备他的演说

预备一篇演说，是不是把一些没有错误的词句完全写出来，或是完全牢牢记住呢？不是的！那么，预备一篇演说，就是连结一些不足以表达你自己的偶然思想吗？也不是！一篇预备充分的演说，一定是贯通了你的意见、信念和努力。

这些思想和努力，是你本来就具有的，你每天醒着的时候，在想这个问题，你睡着的时候，甚至会出现在你的梦境，整个的你，都存有这样的情感和经验；而且深藏在你的潜意识中坚如磐石。所以预备演说的意义，就是去思想、斟酌、回忆，并且选择最能引起你兴趣的来加以分析归纳，塑造成一个新形态，成为你自己的作品。这是很容易的吗？是的！在一种目标上集中注意和思想，并不困难。

19世纪的传教家脱维特·姆迪，你如问他怎样预备演说，他必回答："我没有什么秘诀。"

他除了这么一个简单的回答之外，还有一段比较详细的话，他说："我选定了一个题目，把它写在一个大信封上。这样的信封我有好多，读书的时候，如果碰到可以作为将来参考的好材料，就加上适当的题目，写在那个大信封上。这些材料，说不定存放了一两年不用，但是，当我要讲道的时候，我就可以拿出我所搜集的材料。这些材料和我自己的研究，已经够我作为讲道的材料了。许多年来我在讲道的时候，从这里取一些，那里拿一些，这些材料就这样源源不绝、永不匮乏。"

4. 耶鲁大学学长的忠告

几年前，耶鲁大学神学院成立百年的纪念大会上，该校的主任伯朗博士作了几次演讲，专门讲述"讲道的艺术"，后来纽约麦克兰书局，把这些演讲辞印成专书，书名就定为《讲道的艺术》。伯朗博士除了每星期要预备他的演说之外，并且还要训练演说人才，这种经验已有长达30年的历史了。因此，以他的地位，对于这个题目，只要做一个经验报告就行了，任何人只要照着去做就可获得成效。现在我把他对演讲的秘诀，公开一下：

——深深地思考你演讲的题目和内容，一直想到融会贯通。于是，你就可以制造出一套新的意思，像孵育成熟的蛋，那秘密化育的生命讯息便呼之欲出。

——如果，你思想的步骤，能够经历多一些的时间——不要到了星期六才去预备星期日的证道词那就更好。一个牧师，如果他的心里有一种真理保持过一个月、半年甚至一年，在讲演之前，他又会发现一些新意义从那个真理产生出来。他在走路的时候，会想到这些，在火车中倦于看书时也会想到这些。

——也许你在晚上才会深深思想。做牧师的人，最好要养成睡在床上的时候去预备明天的证道词。有时候，在深夜里我从床上爬起来，只为了把当时涌现的灵感写下来，因为到了明天早晨怕会忘掉。

——当你搜寻预备讲道的材料时，你得把你对那题目所有已经知道了的材料，和你最初选取那段经文时所懂得的，以及你脑海中所有联想到的意思，全写下来。

——写下你所有的意思，只要几个能够固定你意思的文字，并且时时在你的心中思索更多的意见，这便是"提高生产力"的训练方法。你可以用这种方法，使你智力常常保持着创新的地步。

——把你不假外求而自己思索出来的意见记住，因为这是对于你智慧的开拓，比宝石和黄金还要可贵。你把你的意见记录在手头的纸片、旧信笺、旧信封等废纸上，比写在特备的上等记事纸上要好得多，这并不只是合于经济，就是将来整理时也可以感到很多的方便。

——凡是涌上心头的意思，你必须随时记下，而且用心细思。这样重要的智力，你是有权可以去处理的，因为这种方法，是可以使你精神、心智成长的方法。

——你会发现你认为最满意的讲道，多半是从你的内心所发出来的；因为这样像是你自己的血肉，它是你自己的精神产物——自然、有力而且感人。

5. 林肯的演说

林肯在当时是怎样预备他的演说呢？如果你读到林肯所用的方法时，你会发觉他在三十多年前就用过伯朗博士所介绍的几种预备演说的步骤了。林肯最著名的演说之一，就是他用了预言口气所说的："'一间内部自己分裂了的房子是会倾倒的！'我相信，在这个造成半人半奴的政府之下，自由决不能持久。"

林肯这一段演说的缘起，是他在平常工作的时候、吃饭的时候、走路的时候、坐在牛棚里挤牛奶的时候、每天到杂货店和牛肉店里去的时候；甚至他披了一件灰旧披肩，一手挽着小篮子，一手挽着问长问短、无聊地扭弄着手指的儿子，但他始终没有和自己的小儿子聊上一句——他一直推敲着他的演说，大步地前进，竟没能感觉到他的儿子就在他身旁。

在这么推敲的过程中，他随时把意见抄录在小纸片或是在手头的东西，再把这些东西暂时放在他的帽子里，到了有空的时候，再拿出来加以整理，以备正式发表。

1858 年作政治辩论的时候，参议员道格拉斯不论走到什么地方都讲那一套话。而林肯却是随时在推敲，后来他竟觉得很轻易地可以每天作一篇不同的新演说了。在他的心中，演说的题材永远在扩大增长。

当他将要入主白宫的时候，就拿了3篇演说稿和一部宪法，把自己关进春田市某家熟人开的商店后面的一间小屋中，摒弃一切杂务，专心搜集参考资料，写成他就职大总统的演说。

他又怎样预备他出席纪念盖茨堡战役的演说呢？这件事可惜有许多错误的传说，但确实的故事，也是很奇特的。

当盖茨堡烈士公墓委员会决定正式公祭日期后，便请那位曾任波士顿议员、哈佛大学校长、马萨诸塞州州长、参议员、驻英公使、国务卿，并且还被公认为雄辩家的艾佛雷特致辞。公祭典礼原定于10月2日至3日（1838年）举行的，因为艾佛雷特做了很聪明的表示，说是在这样短促的日期中预备不好，于是特地改期，决定延至11月19日举行，这差不多给他一个月的预备了。其间艾氏特地到盖茨堡去亲自视察当年的战场，借以获取一个更深的印象。这真是最聪明的预备方法了。

大总统、阁员以及全体国会议员分别收到柬帖，受到邀请出席参加典礼。他们大半都谢绝了，而林肯总统却答允参加，这使公祭委员会感到非常惊异。因为，他们应该请总统演说吗？而他们原先并不想请总统演说。于是意见不一，悲观的人怕总统来不及预备，有的说他即使来得及预备，也未必会答应演说，因为他对解放黑奴的辩论虽然很精彩，但没有人曾经听过他的献辞。这是一个庄严的仪式，所以他们不能有所疏失。到底应不应该请他演说呢？他们只是一直犹豫不决。其实，如果他们能预见这位演说能力被怀疑的人，为那次公祭所作的演说竟成为日后被公认是不朽的演说之一，必为当时有这样的疑虑感到可笑吧！

最后，在典礼前的两星期，他们再补发一张请柬给林肯总统，请他届时"说几句适当的话"——"说几句适当的话"，他们给美国大总统的柬帖竟是这样的写法！

接受邀请的林肯马上就开始预备他的演说，他首先写信去向艾佛雷特要一份艾氏准备发表的演说稿。一两天之后到某照相馆去照相时，他的手里还拿着艾氏的演说稿，趁照相空闲的时候阅读。他把自己的演说稿，仔细推敲了好几天——他往返于白宫到陆军总部路上的时候在想，躺在陆军总部皮椅上深夜候着电报的时候也还在想他的演说草稿，他总是把它放在高礼帽中随身带着。他不断地想，那演说也就慢慢地成形了。在发表的前一天，他对西华德说："我还没有把它写完整，我已写了3次，最好再来修改一次，那才能满意。"

举行典礼的前夕，他就到了盖茨堡。这一个小小的城镇早已被远道而来的人挤得水泄不通了，平常的人口是1200人，现在竟达到了15000人。脏乱的街道上，充满了游客，几乎阻断了交通。军乐齐奏，无数的市民随之欢唱，大家都聚集在林肯所寄住的史密斯家的门前。他们为林肯奏乐，热情地请他演说，但他只简单地表示，说不到明天早晨不想说话。事实上，他正好又利用那天晚上把他的演说再预习一遍呢。他走进了住在隔壁的秘书西华德的房中，高声朗读他的演说，请西华德来加以批评。

翌晨，吃过了早餐，一直到卫兵进来请他加入阅兵的行列之前，他还是在继续预习他的演说。骑马紧跟在林肯后面的卡斯上校说："仪式开始的时候，林肯总统虽挺身直坐马上，注视着全军总司令所率领的部队；但是，等到行列前进，林肯的身体便向前倾斜，两臂松松地下垂，头也低了下去，像又是在沉思中了。"这是我们可以想象的，林肯总统到了那时候还在温习那十几句短短的有着不朽价值的演说词呢！

林肯有些失败的演说，主要在于他对那问题的不关心与没有兴趣。但是，一旦他讲到解放黑奴和南北统一问题的时候，却忽然有了丰沛的力量，这就是因为他对这问题非常关心、感触良深的缘故。例如，他曾经住在伊利诺伊州的一家小旅馆中，有一天早晨，和他同住的友人醒来，见他坐在床上，面对着墙壁喊着："一半是自由人，一半是奴隶，这样的政府是绝不能持久的！"

耶稣讲道，当年又是怎样预备的呢？他远离人群、独赴旷野、节食静思了四十昼夜。《马太福音》上说："从那时候起，耶稣基督就开始传道。"不久，他就讲出了永垂不朽的"登宝山训"。

你读了上述的许多故事，说不定会说："这些固然很有趣，但他们都是名垂不朽的大演说家，我只希望能够在自己的业务上做一些简短的演说而已。"

是的，你的需要我完全明白，本书就是预备帮助你，以及达到你们所希望的。无论你演说的规模如何，林肯和耶稣的方法，对你一定有效。

6. 如何准备你的演说

开始练习演说的时候，应当选择什么主题？

我的回答是，凡是你感到兴趣的都可以讲。一般初学者最易犯的毛病就是在一篇短短的演说中，要把所有的材料都涵盖进去。其实在一个题目之下，只要有一两个切题的论点就够了，然后再在这些论点上下工夫，就是再好不过的了。

最好早一点选定你的题目，这样，你就可以有充分的时间去预备。你日夜地想着，就是睡了也要夜有所梦才好，睡前和清晨醒来，第一件事就是想你的演说。

把有关这个题目的一切问题，问你自己。比方，你选取了一个"离婚"的题目，你就可以问问自己：到底离婚的形成为何？离婚所带来的影响如何？经济上的影响为何？社会上的影响为何？家庭生活的影响为何？有关离婚的法律合理吗？不轻言离婚好呢？还是勇于面对好呢？

凡此种种问题，都要先拿来问问自己。或者以"为什么要学习演说"来问问自己，即使是以周遭的人为例，不必指出他们的姓名，只要把他们的故事讲述出来，也会是一篇练习演说的好题材。

要是你能够很清楚地一面想、一面说地向大众讲两三分钟，这便是你初期练习的好成绩了。比方像"为什么要学习演说"这类题目，这是十分容易的，当你预备时，把你的材料选择而剪裁一番，把你自己的经验、观察以及希望都充分想到。

又如，把你现在服务的职业作为题目，你将怎样去预备呢？题目一扯上工作，你必定有充足的材料，问题只在于你怎样去裁切取舍而已。决不可妄想在3分钟之内把你一切的思想都说完了，那是做不到的，因为那太粗疏凌乱。你只要从题目的一个点去引申就得了。例如，你不妨谈谈你就职的经过，是偶然的还是慎加选择的？谈谈你当初的奋斗、失败以及希望、成功，只要你诚实地讲出自身的经历，那便是一篇动人的演说了。

还有，你可以从另一方面来谈谈，像有些什么困难？倘若有一个青年有意走进这一行，你将贡献一些什么意见，或者在不伤害人的原则下谈谈和你接触的人，他们的态度，谁是诚恳的？谁是傲慢的？从你和人家接触而发现的人类天性是些什么？都是十分有趣的。这主题所探讨的并不是技术层面的事情，而是经由工作管道来探讨"人的本性"，像这样的演说，很少会失败。

你说的话，最好要举出实例，切不可弄成了空洞的说教，因为那是会令人讨厌的。而且真实的事情比抽象的概念来得容易记忆，还可以增进你的演说能力。

下面这一段很有趣的文章，是选自一位作家所写的，他的题目是讲各行各业的领袖人物应该把繁重的责任分给襄助者来共同负担。文中所举实例，都很能引人入胜。

Ｂ．Ａ．霍普士："公司主管为什么须对部属委以权责"——

现在的许多大企业，在当初大多是独力苦干的小买卖，到后来才改了样子。因为一个人组织，虽然也可以说是一个主管者的成功，但是，现在大规模的企业，无论主持者怎样能干，也得要有妥当的人帮助他管理事业。

美国百货公司的名人沃尔华斯曾经告诉我，有好几年的买卖，完全由他一个人经营。后来积劳成疾，躺在医院中的时候，他忽然觉悟到要使事业发展，必须把责任分摊给适当的属员。

菲斯利亨姆钢铁公司，多年前也是由杰鲁滋先生独掌全厂的事务。后来，葛来斯的才干慢慢地养成了，而且在钢铁工业，他比杰鲁滋先生能干得多。所以现在的菲斯利亨姆钢铁厂不是专赖杰鲁滋一人了。

柯达公司的创办，最初也只是伊士曼一个人独揽全局，但是他很聪明，所以邀集了同志合力经营，才能有现在这样大的规模。美孚石油公司规模扩大以后，也不再局限于个人的组织了。

大银行家摩根，他虽然是一位杰出的人才，但也深信要选取干才来共同担负责任经营，才是成功之道。

现在还有不少的野心商人，想用个人经营的原则，来管理他们的事业。但是，不管他们愿不愿意，因受现代企业情势所逼，而不得不把一部分的责任去交给别人。

有些人的讲话，都犯着一个共同的毛病：都是只讲他自己感兴趣的事。其实，他也应该关心听众的利益。像一位火险公司职员，他不应该告诉别人预防火险的方法吗？一位银行家，他不须去指示人家理财和投资的方法吗？

在预备演说数据的同时，你对听众必须加以研究，如果你会想到他们所需要的，那你就成功了一半。

在预备讲题的时候，如果有充分的时间，最好多读一点文章，看看人家对这样的题目是怎样的想法和说法。不过在你尚未把你演讲的题材加以深切思索时，切不要乱读人家的东西。在束手无策时，你应当走进图书馆，去找相关的人、探询所需的数据，直接地求援，图书馆功用之大，必可让你受益无穷，你且别客气，尽量去利用吧！

7. 充实演说能力的诀窍

"我种植了几十万株预备做标本的植物，但是，只选取特别优良的一两株，其余的都抛弃了。"这是美国大植物学家巴比克在逝世前夕说的话。一篇好演说的预备，也是如此，搜集100件的意见和思想后，要抛去不大良好的90件。

搜集使用不了的材料，为的是增加你的自信心，使你演讲时心中笃定而有把握，讲话的态度自然而大方。亚桑当说这是预备演讲的重要基本原则。演讲者不论是作公开的或是私人的演说，对于这一点万万不可忽略了。他说：

我曾经训练过几千位售货员。我发现他们最大的弱点，就是他们不明白在推销某种货品之前，对于这种货品的知识，都应该有一个完整的了解。

许多走进我办公室的售货员，学会了几句对于某商品的一些说明和推销口诀后，便急急地要奔赴市场，像这样的推销员，大都不会工作到一个星期，更糟糕是做不到两天。在训练食品售货员的时候，我曾刻意把他们造就成为食品专家，所以强迫他们去读美国农业部印制的食品表，要他们知道某种食品，所含的水分、蛋白质、脂肪等的成分有多少。我让他们知道他们去推销的某种货品的结构本质是什么？我让他们进几天学校，而且接受测验。我再让他们把货品贩卖给其他推销员，我还对最优的推销员加以奖赏。

在这些预备阶段，我发觉他们大都老早不耐烦了。他们说：杂货店的老板太忙了，而且我们也没有闲工夫去向他们讲食品成分这一套，即使讲了，他们也是不爱听的。而即使听了，他们也是不懂的。我的答复就是你不要为了买主的利益而学这些，你应当为你自己的利益去想。因为对专业知识的全盘了解，能使你更自信、更积极。

美孚石油公司的阿伊达·达梅女士，几年前对作者讲她自己在巴黎的时候，麦克鲁杂志的主办人麦先生曾经给她一个电报，请她写一篇关于大西洋海底电讯的短文，她因此特地到伦敦去拜访欧洲重要海底电讯公司的经理，以便搜集材料。然而她还不肯就此罢休，而想再多得一些，预备作为补充之用，所以又到英国博物馆里去参观展览的各种电讯，再读海底电讯发展史的书籍，甚至再亲往伦敦郊外的工厂中，去看海底电讯建造的步骤。

为什么她要搜集这样丰富的材料呢？因为，这些可以给她更充足的力量。她知道有了备而不用的材料，可以使发表出来的文章，格外有声有色又有力道！

安德鲁·凯泰尔前后曾对 3000 万人演说过，但他近来向我承认，他在演说后回家的途中，如果因漏说了某段话而苦恼的话，他便认定这次的演说是失败了。因为，根据他的经验，知道一个特别有价值的演说，必定有着丰富的准备材料。这丰富的程度，是需要演说者巧妙运用的。

也许有人要提出抗议吧，说是没有充分的时间来预备，又有人想光靠自己的灵感去找一些话来讲，又有人想在许多人陆续演说时，选择前面所讲的要点讲出来，但这都不是可靠的办法。你应该努力去找资料，认真来准备，千万不要因循，依照本章的方法去做，一定会达到你预期的效果。

备忘录

（1）"有思想、不吐不快的演说，通常不会失败。"事前充分的准备，等于是完成了演说的 90%。

（2）选定了题目，写在大信封上。碰到可参考的材料便归入大信封。

（3）多多搜集资料、尽力思索以融会出新的思想，这是心的生产力。

（4）演讲之前，与讲题有关的种种问题，都要像是该问题的专家一般，弄得一清二楚、无所不知。

第三章

名人的演说法

有一次，我去参加纽约扶轮社的聚餐，席间已预定由两位重要的政府官员演说。自然，他的崇高地位，赋予他一种威信，我们都很乐意听他演说。他答应和我们谈谈在任职机关的工作情形，这是每一位纽约商人都愿意知道的事。

　　当然，他对自己的题目可谓了如指掌，以至于在演说的时候，可以很专业地说出来。可是，他却不曾把他的演说计划一下——他对材料没有加以取舍和剪裁；并且光凭着一股勇气，不顾一切地开始演说，话题没目标地一味向前乱闯。

　　他的心中是一片混乱，所以给我们的知识飨宴，也只是一次胡乱的杂拌。好像是先给我们一杯冰淇淋，然后再来一盘汤，接着来了鱼和水果；又好像给了我们一种汤加冰淇淋加熏鱼的大杂烩，我不论在什么地方和什么时候都不曾见到这样差劲儿的演说家。

　　他原想在席间做篇一鸣惊人的即兴演说，然而现在可是绝望了。他从衣袋里取出一卷演说稿，虽然没有人问到他和演说稿的关系，但他先承认这是他的秘书代写的。这演说稿也是杂乱无章的东西，就如同用一堆废铁造成的铁路一样。所以他茫无头绪地翻阅演说稿，想在这座深山中去求得一条出路。

这位仁兄一面这样做，一面又想说话，但是做不到，所以只好狼狈不堪地向大家道歉，要了一杯水喝，想借此救急一下，他的手颤动着举杯喝了口水，说了几句更是凌乱不堪的话，又重复着翻他的演说稿。时间一分一秒地过去，他也显出更无助、更狼狈、更慌乱、更窘迫的情态。他急得额冒冷汗，颤颤然地拿出手帕来擦拭。做听众的我们，眼看着他这样的惨败而激起了同情心，所以我们的情绪也随之不安了。他的固执胜过了他的聪明，所以并不因此而停止他的演讲，他一面指手画脚，一面还是翻着演说稿，向众人道歉和喝水。每一位听众，都可以预见一败涂地的悲剧结局。

最后，他总算停止了挣扎，下台一鞠躬。我们也拼命鼓掌，胸中那块巨石总算落了下来。我从来不曾做过这样不安的听众，也从来不曾见过这样狼狈不堪的演说家。他那一次演说，正像卢梭下笔写情书时的不安心情一样——不知道要讲些什么，竟贸然地开口了，而讲完之后，还是不曾知道讲了些什么。

这段故事的教训就是："一个人的思想没有条理的时候，那么，他拥有的知识愈多，思想也愈混乱。"——这是哈巴德·史宾塞的一句名言。

没有计划的造屋，不是脑筋清醒的人会干的，那又怎么能在一些大纲或是程序都没有拟定时，便贸然开始演说了呢？一篇演说，就等于一段有目的的航程，非有拟定好的航行图表不可。

我希望在世界各地的演说训练班门口，都能够把拿破仑的"打仗是艺术也是科学，非经精筹熟虑，绝对不会成功！"这句名言，做成霓虹灯的大广告来警醒大家。

演说和射击一样。然而，演说的人能够懂得这一点吗？即使懂得，是不是都能够照着去做？我不敢说你们会这样去做。一连串意见，要如何把它裁剪成最美好的形状呢？在没有把这一串意见研究明白之前，是没有人能够晓得的。它永远是每位演说者都要问的一个新问题，我们虽然没有绝对的规则，但都可以用具体的例子，来表明什么是有条理的排列。

1. 康威尔博士的演说计划

前面述及没有一个绝对的规则，可以为演说材料做最好的排列。所以也没有使大多数的演说适用的图表和规则。但是，这里有几种演说的方法，在许多地方都十分有用。已故的著名传道家康威尔博士是《遍地黄金》（Acres of Diamonds）的作者，他说他的许多演说词的整理，大致是根据下面的方案：

（1）先把事实讲出来。

（2）再把这些事实作为出发点，当成辩论的根据。

（3）劝人们去实行。

学习演说的人，对于这个方案，大多感到很有用，而且还具有一种刺激作用。

（1）先指出几个错误。

（2）然后再说出怎样可以去补救错误。

（3）请求听众的协助。

或者换一种说法：

（1）这里有一种状态需改善。

（2）我们对这状态应该"如此这般……"来补救。

（3）因为种种的理由，你是应该帮助的。

将其方法浓缩为下列几项要点——

（1）引发听众的兴趣。

（2）取得听众的信任。

（3）举出你熟知的实例，并详细陈述你提案的优点。

（4）请人们务必去实行。

2. 名人演讲的准备

毕佛雷齐是美国参议院的议员，他写过一本《公开演说术》，极其简洁实用。这位大政治家说："演说者必须对自己的题目很有把握，就是把所有的事实，都搜集起来，然后再加以整理、研究而使它消化。不只是采取单方面的材料，各方面的材料都要搜罗、采集，并且这些材料都得是确切的事实，不是臆测或是未曾证实的推想，对于材料不可不分青红皂白地全盘接受。

"每项事情都要加以证实，这得经过劳心劳力的探究；但是，你非如此不可，除非你不想使你说的话成为一种权威。"

"把一切事实加以整理后，你必须自己去想解决的方法，那你的演说才会富有独创性和个人特色，因此也才有你的力量和精神在里面。然后，你可以把你的意见，尽量明白而合理地写出来。"

总之，要先提出各方面的事实，然后再找出确切的结论来。

当威尔逊总统被询及演说的方法时，他回答："我起初把要讲的题材都写在一张纸上，再把它们列成自然的顺序——就是以这些事实做骨干来加以组织，然后再用速记写出来，我嗜用速记法，因应需要与方便。写完之后，我再用打字机打出，同时再修饰词句和评估。"

老罗斯福总统预备演说的方法，又是自成一格的——他挖掘了一切的事实，然后再重新过目、逐一评价、去芜存菁、提出结论，并且感觉自己的结论是确切而不可动摇的。然后他再把一迭打字纸放在前面，一面念一面很快地打字，因是由流利的口述撰成，所以格外生动活泼。之后他把打字的稿子再读一遍，用铅笔做好记号，加以增减，再打成一篇清样。他曾说："我一切的成就，都是事前殚精竭虑、周密计划得来的。"

他常常请批评家听他读演说稿，他不去和人家争辩——因为他的论点已经坚定而不许再变更了。他需要的是别人告诉他应该怎样说，而不是说些什么。他一再在打字机上把他的演说稿增删润饰，然后送到报纸上去发表。当然，他并未把他的演说词完全背诵下来，所以他实际讲出来的常和演说稿有些出入。但是，他的预备方法是十分可取的，因为经由这样的准备，他已对自己的材料十分熟悉，这比用别的方法，更能把握住演说的内容，结果就使得演说流畅而具亲和力，这是历经几番琢磨所闪现的光采。

奥立佛·罗基男爵是英国的大物理学家，他曾对我高声述说他的讲词。像是对着听众一般，结果竟发现这是一种最好的预备和练习方法，许多受笔者训练的人，他们用这种方法都获得了很大的利益。当然，录音机的使用也不失为一个方便有效的方法。

把你所有的材料都写出来，可以使你去思想，使你的意思清楚，使你的记忆鲜明，减少你心理上的犹豫，改善你的修辞。

3. 如何整理演说稿

前面我曾建议你作备忘卡——将各种想法、实例，尽量汇集后，整理成小抄。这时你不妨把它们当作游戏，先分成有关系的各组，各组可以代表你打算要讲的重点，你再把它们仔细分成小组，然后再加以淘汰，去芜存菁。

一个好的演说家，必须不停地修正他的演说稿，直到发表时——甚至讲完之后，他还要想某几点应当怎样修改，才能讲得更好。

一个优秀的演说家，结束了他的演说后，会察觉到他的演说蕴涵 4 部分：一是预备的，二是实际演讲的，三是报纸杂志刊载的，四是归途中想到要怎样修改的。

4. 要不要带稿子上台

林肯原是一位善于即席发表的演说家，但入主白宫之后，不论是公开演讲或是对僚属的普通谈话，都事先把要讲的话写出来。像就职总统的演说，当然是颇费周章的，因为那是历史性的重要言论，自然不允许随意地发挥。但他在伊利诺伊州的时候，却不曾用过演说稿。他说："演说时看草稿，听众会反感的。"确实，当你拿着演说稿时，会阻碍你和听众之间可贵的沟通，而且会弄成一种做作的气氛，使听众感受不到你应有的信心和充沛的力量。

我再说一遍，在预备的时候，应该要写演说稿——精密而完备的纲要（在你练习演说的时候，可以随时拿来参看）。但当你走上了演说台，面对着听众的时候，就不能随时拿来参考了。当然，衣袋里有着演说稿，也许会安心些，这正像火车上装置着消防器一样，是紧急时备用的，不到紧要关头千万不要用它。

如果非要用演说稿不可的话，那得写得越简单越好，用大字抄在大小适宜的纸片上，到演讲的时候，设法把这纸片放在桌上的右上角或左上角，在紧要关头时可以瞄一眼，但必须设法掩盖你的弱点，使听众毫不觉察才好。英国名演说家伯莱斯所用的秘密方法，就是把演讲稿放在桌上的大礼帽后面。

但是，当你初次演讲的时候，倒不妨带着一份演讲稿。通常有一种人在头一次演说时，往往十分惊恐，以致把他背得滚瓜烂熟的词句，一下子忘个干净，不知从何说起，因此就急得满头大汗。像这样的人，还是拿一份演说稿好。不过，学步的小孩固然要扶牢桌椅，但学会之后，便不可再有所依赖了。

5. 不须死背强记

"不要把演说稿逐字死记，因为那不但费时而且易于出错。"

但是，也许有人为了安心起见，偏要去死背演说稿。这样一来，当他站上讲台，便会去思索所熟读的演说辞句，这是向后的回忆而不是向前的思想——正好把人们心理的自然顺序颠倒了。因此，在讲台上所表现出来的只是生硬、冷涩而了无生趣。所以我劝你不要去做这种费时费力又不讨好的事。

你和别人对坐着，谈一件买卖的时候，是否逐句记牢你要讲的话？当然不是，你只要在心中记得主要的意思就可以了。同时不妨写出几条约略翻阅过的商业记录，你可以对自己说："我把这几点提出来，是为了要做那件事的缘故。"然后，列举出理由，引证实在的事例；当你预备普通的商业会谈时，不就是这样的吗？那为什么不用这种方法去预备演说呢？

当美国南北战争中，李将军要求联军统帅格兰特将军写出投降条件的时候，格兰特将军在他的回忆录中写道："当我提笔之际，竟找不出写条件的第一个字，我只知道我心里有些想法并且希望不出差错地明白表达出来。"

其实，他根本不必知道第一个字应当是什么字。当你有很多的意见、坚强的自信、极愿意说而且希望明白说出的事情，那适当的字句便会不自觉地涌现——这情形无论什么人都是一样的。如果不相信的话，你可以走在街上，故意把一位清道夫推倒在地，当他爬起来的时候，必不难找出责骂你的适当字句。

拉丁诗人何廉斯在两千年前写过这样的名句：

不要去探寻字句，只要找寻事实和思想，

那么，你想要的字句便自然会成群地涌现。

心里有了坚实的思想，便可以从头至尾预习你的演说了。你在等候水沸或电梯的时候，可以在心里默默地练习。或者你一个人关在屋子里，也大可做出应有的姿态，热情有力地去演练。李特鲁主教，常说讲道者没有经过六七次的练习，就不能抓住所讲内容的真正思想。所以，你要抓住你演说中的真正意思，至少也要预习那些次数。你在练习的时候，不妨想象在你面前真的有听众，你要一直发挥你的想象，直到当真面对听众时，便大可从容应付了。

6. 名家的演说经验

要是你也用这种方法去练习演说，你便学到了名演说家的经验了。英国著名首相路易·乔治当年加入家乡韦尔斯某城镇一个辩论会后，常在野外散步时，对着树林装腔作势地练习演说。

少年林肯，常远赴三四十英里远的地方，一睹名人演说的风采，回来后钦佩之余，决心将来要做大演说家。他召集了在田间工作的伙伴聚在一起，自己站在高处面对大家演说或是讲故事。他的雇主见了很愤怒，斥责他是懒鬼，并丢下一句："在乡巴佬面前装模作样，莫非也要把他们教坏？哼！"

英国的大政治家艾斯魏，当初在牛津联合辩论学会打工，因而获得了演说的要领，后来他在自己家乡也组织了一个辩论学会。美国总统威尔逊，也曾在某辩论学会学习演讲。其他著名的演说家都是这样。

总之，从许多名演说家的经历来看，可以肯定的就是他们都曾经努力做过练习。在笔者训练班上进步最快的，即是那些努力去练习的学生。

也许有人会说："每天哪有那么多闲工夫去练习演说呢？"不错，但是美国参议院议员又是某铁路公司经理的戴比哈先生，你能说他不忙吗？然而，他却每晚为他的演说做准备，他曾说："我从不曾因演说而妨碍了我的工作，我都是每晚从办公室回家后预备的。"

我们每天必定都可以排出 3 小时的工夫来让我们自由运用，达尔文就是这样做，结果使他享了大名。

老罗斯福总统当年在白宫，常用整个下午连续会客，规定每人的谈话时限为 5 分钟。非但如此，他身边还放着一本书，利用宾客来去间空出的几秒钟时间看书。这个例子很适合让大叹时间不够用的你作为参考。

每天都在奔波的人，都想停下来喘口气或休息一下，而练习一场演讲即是喘口气的最好方法。偶尔你也不妨召集全家来一场即兴演讲。

备忘录

（1）拿破仑说："所谓的战术就是一门要不停计算、思考方能成功的科学。"演讲也是一样。另外，演讲还像航海，必须要先决定方向，没有明确出发点的人，是达不到目的地的港湾的。

（2）撰写演讲稿时，要从各种观点来着手，组织顺序时，没有所谓绝对的法则。

（3）演说的时候，要从一个论点开始彻底讨论起，绝不可以由一件事，马上就跳到另一件事。

（4）康威尔博士将演说分成如下之结构：

向听众阐述您所知道的事实。

以那件事实为出发点展开研讨。

唤起听众的行动。

（5）下列的方案可供参考：

指出几个错误。

叙述修正错误的方案。

要求听众的协助。

（6）演说的准备方法可浓缩成下列几点：

引发听众的关心。

取得听众的信赖。

传达出来的应该都是事实。

请听众务必实行。

（7）毕佛雷齐的忠告："将主题的所有事实全部搜集起来，加以整理、检讨，并加以消化。逐一去验证每个事实，直到确定它是真实的。由这些事实，您必能思考出解决方法。"

（8）老罗斯福总统的演说准备，首先是去发掘所有的事实，加以评价。以速记方式做的原稿，是一面口述一面用打字机打出来的。

（9）使用录音机对练习效果非常有帮助。

（10）演讲时不时地边看小抄，最好尽量避免。因为这样一来，便不能彻底连结听者和读者所关心的事物。

（11）好好地想过之后再将其写成原稿，从头到尾一气呵成练习看看。练习越多就越能抓住主旨，也才能清晰地留下印象。

第四章

增进记忆力

"一般人在平时对于记忆力的利用不及 10%。这是因为他违反了记忆的自然法则，浪费了其余 90% 的缘故。"——这是著名的心理学家卡路·西修所说的。

　　你是否也这样？如果是的话，你一定感到在社会和商业上奋斗的困难，同时你对本章所述各节一定非常关心，你必须仔细读下去，它将使你获益匪浅。本章所讲，是解释记忆的自然法则，并举出在商业和演说上应用的例子。

　　这些记忆的自然法则只有"印象"、"复习"、"联想" 3 条法则。

　　"记忆的系统"便是建立在这 3 条上面的。

　　要做到这一步，非集中你的注意力不可。

　　老罗斯福总统能有惊人的记忆力，便是能够做到这一点的缘故。他对一种事物有了一个印象，就像镂刻在钢板上一般难以磨灭。他曾花了极大的心力锻炼他在杂乱的场合，而能把注意力集中于一事。

　　1912 年，芝加哥举行富鲁·姆斯大会（富鲁·姆斯的意思是大鹿，这是革新党组织象征符号），他住在一家旅馆的楼上，那时街上充塞了狂乱的群众，摇旗高喊着欢迎他的口号，军乐高奏，人员忙碌地来去奔走，因为会议快要开始了。

即使是如此，他却能安坐在房中的摇椅上，对这外面的喧哗听而不闻一般，从容读着古代希腊史学家希洛特多斯的传记。如果换了别人。恐怕早已坐立不安了。

又有一次，他旅行到巴西的荒林中，选了一株大树下的清静处，坐在一把小椅子上读吉朋的《罗马帝国兴亡史》，当时，他已把整个注意力完全倾注书中。不久，忽然下起雨来，雨点打着树叶，淅沥淅沥作响，但他却一点也没发觉。他这样读书，当然会印象深刻，不易忘记了。

5分钟专注，胜过几天心不在焉的苦功。

亨利·毕吉牧师先生说："一小时专注的工作，胜过几年的恍惚生活。"

伯利恒钢铁总裁葛休斯先生每年收入在百万元以上，他有一句名言："我学到一件比什么都重要的事，不论在哪种情形下我都每天照着去做，就是——时时将注意力集中于手头的工作。"

这是获得"力"的秘诀之一，尤其是"记忆力"。

1. 养成精确的观察力

大科学家爱迪生，用了27位助手。这群助手在半年中，每天从电灯厂到研究所都走着同一条路，这路上有一株樱桃树，可是当这27位助手被问到时，竟没有一个人注意到此事。

爱迪生说过："一般人脑中所记忆的事物，还不及他眼中所见的千分之一，从这里可见我们的观察力，真是贫弱得可怜。"

平时我们被介绍去认识两三位新朋友的时候，往往不到一两分钟，就已把他们的姓名忘得一干二净。这就是因为我们一开始就没有集中注意力，也不曾精确观察的缘故。也许你会归咎于记忆力太差。其实你错了，这实在是由于你的"观察力"太差，就像雾里看花一般，怎能看得出鲜明的印象？

纽约世界杂志总经理比利斯哈，在编辑部每个职员的桌上写着"精确！精确！精确！"这也正是我们十分需要的格言。你要记忆人家的姓名，就得依照这个格言。当你没有听清楚人家的姓名时，就非问个明白不可。被问的人往往因你对他这样注意而格外高兴回答，同时他也会因此而不由自主地集中注意力，把你的名字也深印在脑海中了。

2. 高声朗读的林肯

年轻的林肯，在一个乡村里读书，那所学校十分简陋，地板是用木块拼成的，窗子上贴着涂油的旧报纸，唯一的教科书，由老师高声诵读，学生也随后高声地念，声音十分吵闹，因而邻居们给这乡校取了一个别名，叫做"市场学校"。

在这"市场学校"中，林肯养成了一个终身的习惯——凡是他想记住的事物，都要高声朗读出来。当他在春田市做律师的时候，每天早晨走进事务所，仰卧破榻，一条腿搁在倚子上，就拿起报纸开始高声朗读起来。他的一位同伴说："我每天被他吵得心烦气躁，便跑去问他为什么要这样高声朗读？他说：我这样做是在利用两种官能，一是'看着'自己在读什么，二是'听着'自己在读什么，这样比默读容易记忆。"

记忆力很好的林肯说："我的脑子像一块钢板，不大容易在上面刻画事物；不过，一旦刻上之后，也就很难磨掉了。"林肯的记忆秘诀是利用两种感官，我们不妨也来照样试试看。

其实最理想的方法，不但应该眼睛看到、耳朵听到，同时，还应该触到、嗅到、尝到。所谓"百闻不如一见"，所以最有效的还是"看到"，因为我们的脑子，最易受视觉支配，经由眼睛所得到的印象一定格外牢固。譬如，我们有时碰到一个人，常常觉得似曾相识，却偏是想不起他的名字，这不就是说明眼神经比耳神经格外灵敏吗？

试着把你要记住的亲友的姓名和电话号码或演说大纲写下来，仔细默读一遍后，再闭目回想那些字句，它会像霓虹灯一样明显闪现在脑中。

3. 马克·吐温的记忆秘诀

马克·吐温是美国有名的幽默作家。曾经他一碰到要演说时，一定携带着演说稿上台，后来他想出了一种帮助记忆的简易妙法，以后上台演说，便不再带演说稿了。

譬如第一个——one，与 pun 发音相似。于是就想象是"赛马"，老罗斯福总统骑着赛马看历史书，如此记忆就形成了。你瞧，已经记住了吧！

Two 与 Zoo 相似，就假想爱迪生凝视樱树是在动物园里面。

Three 与 Tree 可联想。于是，林肯的住所当然是在树上。

Four 对上 Door。门的对面，马克·吐温正揩着指甲作演讲。

在心中"描绘图画"的要领就是这样。会有人对这种方法感到愕然吧！但是，无聊的事才能刻进脑海里，达成记忆效果。奇怪吧！愚蠢的事才容易记忆呢！

一切事情都要勇于尝试，你且试一次吧！让大家对你的记忆力做一个感叹的印证。而最重要的，这也是个愉快的试验。

4. 能背诵专栏吗

埃及首都开罗有一所回教学府安鲁·阿富哈大学，是世界最大的大学之一，有 21000 个学生，入学考试的科目之一是要背诵全部的《可兰经》。这种回教经典的文字，和《圣经》差不多长，一个人须两天才能背诵完毕。在中国私塾里的学生，也要背整部古书，中国学生和阿拉伯学生未必都是特殊的天才，他们为什么能够记忆这许多的书呢？

能够发挥此等记忆力的秘诀，究竟是什么？这不外乎是"复习"。

记忆自然法则的第二个重点就是"复习"。不管数量多大，只要充分复习必定可以牢牢记住。

如果你想记忆的东西，比如说记忆任何新的词汇时，要试着在会话时实际用它；想记住人名时，就要试着反复念他的名字。

演讲的内容也是如此，总要事前多练习你所要说的几个重点。如此一来，实际的使用后，就会使其印象牢牢地留在脑海里。

5. 有效的复习方法

然而，胡乱地只反复做些机械式的演练是不够的。重要的是，知性的反复——亦即一定要配合我们在记忆力上所拥有的特性，而非盲目而机械性地强记。

曾有这种实验：将列有许多无意义字汇的表，发给受测学生，希望他们能全部记住。3 天之中反复记忆 38 次的学生群，与一次做 68 回反复记忆的学生群，结果可记住的词汇数目是一样的。其他的许多心理测验，也显示出这样的情形。

这是记忆学上非常重要的发现。人类反复一件事情想要把它记住的时候，可借由分隔作业达成。一口气读熟一段文字所需之时间，比用适当而间歇的复习，时间要多一倍以上。

这个可称为"头脑的特性"的东西，可以下列两个要素说明：

其一，反复作业间的空当时间，我们的潜在意识不断地进行着"联想"。正如哈佛大学心理学教授詹姆斯所说："我们冬天学溜冰容易；而夏天学游泳容易。"

其二，反复作业以一定的间隔隔开进行的时候，"量"上的分割，使得压力减轻，因此头脑也不会疲劳。

以翻译《一千零一夜故事》而闻名的巴登良，他是可以把27国语言，当成母国语一样操作自如的语言学名人。据他说，每一种语言的学习、练习，不要超过15分钟。

因此，凡是有常识的人，无论如何也不会在自己演讲前夕，做延长准备等愚蠢的行动；否则那个人的记忆力往往无法发挥实力的一半，就狼狈收场。

现在相反，让我来介绍如何忘记事物。

至此，各种心理测验反复证明：我们对于任何新知识，在最初的8小时比30天以后更易忘掉。或许你认为意外吧！但这是事实。因此，在你演讲之前，对于数据一定要再看过，想说的重点也要再次温习——我不由得想如此劝告。

好个林肯，他知道这套练习的价值而活用了它。在盖茨堡的演说，那位具备学者风范的参议员艾佛雷特的演说恰好在林肯之前。当艾氏的演说近尾声时，下一个出场的林肯忽现惶色。每次演说，他都是这样的，在急忙扶正眼镜后，他仍旧是从口袋中取出原稿，一边默念、一边拼命地做最后一次的重新记忆。

6. 增进记忆力的秘诀

接下来是"联想"。这第三个"联想"与前两个一样是记忆不可或缺的要素。实际上，说明"联想"就跟解释记忆这东西一样。接着引用詹姆斯教授有关增进记忆力秘诀的说明。他说：我们的头脑，本质上就是联想的机械。比如说在一阵静默之后，突然如此这般命令你："回想！""回想过去！"

听到命令的你，能因此而产生任何清楚的印象吗？答案当然是"不！"因你的"记忆力"此刻正凝视着空白世界，并会如此反问："到底要回想怎样的事才好呢？"这意味着对回想的事必要有某些暗示。如果有一定的暗示或线索，如问你：

"你出生的年月日？"

"早餐吃了什么？"

"多、来、米、发……的音阶如何？"

以上等等回想的指示，则你的记忆力便会立刻说出必要的答案。

这种"暗示"使你有了联想的线索。因此，如果注意这个程序的话，你的答案便会被"联想"牵引出。

我们运用脑子，无非是受这联想线索的牵引。因此，凡是有了训练的记忆力，都靠着一个有系统的许多联想。而这联想系统的好不好，又是靠着两种特性：一是联想的固定基础，一是联想的数量。简言之："良好的记忆秘诀，便是把我们要记忆的东西发挥很多的联想。经验相同的人，谁能把自己过去经验记得最深且最有系统，便是谁的记忆力好。"

（1）名字的记忆法

那么，我们如何把所知道的各种事情互相结合，使它成有系统而方便的记忆呢？答案是找出意义来加以思考。例如，当你遇到一件新的事物时，可以对自己提出下列 5 个问题来作答。如此，应该可以把那件事情纳入组织的一个连贯的系统：

它是怎样的？

为什么是这样的？

什么时候的事呢？

在哪里呢？

谁如此说呢？

以人的名字为例，首先我们要听个清楚。如果那是个常见的名字的话，就可以和老朋友中名字相似的人联想。相反，如果是稀奇的名字，则不妨向对方请教其名字有何特别含意。如此，对记忆应该是有用的。那样的一句话，使初次见面的人都可以温和而融洽地在一起，对于名字的典故更会乐于讨论。

例如，最近在一次偶然的机会下，我被介绍和一位叫苏恩达的妇人认识。我向她请教拼法，然后说："好稀少的名字哦！"于是，因这一句话，她告诉我，她先生是雅典人，而祖先是希腊的达官贵族等。由于这样，我也立刻记得苏恩达夫人的名字了。

初次见面的人，你首先要好好地观察他的五官、身材，再看看他穿什么样的衣服、用什么样的聊天方式等等——关于那个人的容貌和个性，要明确而活生生地印记在心中，把那些印象和名字相结合就可以便于记住了。这样一来，下次见面时都可以用从第一次见面的印象来联想，而后那个人的名字也就自然浮上脑海。

你是不是有这样的经验呢？同样的人见了两三次，可以想出他的职业，但是，名字偏是想不出来——因为职业是固定且具体的，所以很容易记。可是，姓名本身是没有特定意义的。因而，如果想记住一个人的名字，要把他的名字和职业用可以联想的俏皮话联结起来。这样一来，保证你会很容易记住。

曾经，彼此不认识的 70 位男性，在佛罗里达的运动俱乐部聚会，依次自我介绍时，他们按照司仪的建议，以俏皮话的方式把名字和职业互相结合起来，吸引人的注意和记忆。例如：

矿氏（矿业）——矿氏迅速地钻探矿山。

黄金树（木材业）——木材的买卖是充满黄金。

以这样的方法一个挨一个自我介绍，最后调查结果显示所有出席者都可以记住其他人的名字。

这次聚会之后，当他们再见时，彼此已是朋友，而且无论何时都可以想起对方的名字和职业，这是因为根据名字和职业结合的联想深驻脑海的缘故。

（2）日期的记法

记日期最好的方法，就是与已牢记在自己脑中的其他重要日期联在一起。例如，对我们美国人而言"苏伊士运河于 1869 年通航"的历史性年号不好记，但如想成"南北战争结束后第 4 年始有船通行苏伊士运河"，便觉得格外容易记了！总之，南北战争结束的年份是早已深印脑海的重要日期，你要好好利用它。

"最早有人迁入澳大利亚是于 1788 年"这样勉强地记，就像汽车零件掉落一样，很容易从脑中忘掉，所以，把我们不会忘的日期——1776 年 7 月 4 日——连着一起记，就是入迁澳大利亚是在独立宣言公布后第 12 年，或者以"约 10 年后"这样来记，一方面也把握了历史，不是很好吗？

我想，电话号码的记法也该遵循此原则。如 1492、1861、1865、1914 等，这些熟悉的数字对我们来说真是棒极了。告诉别人电话号码时，与其单说"1492"的数字排列，不如附加"哥伦布发现新大陆那年"，这样一来，对方即使想忘，也一定忘不了。

（3）如何记住演讲要点

当我们想一件事情的时候，只有两种方法。一个是经由外界的刺激，一则是经由脑中的某事来联想。

那么，也把它应用到演讲上吧！

首先，比方说备忘录等可说是外界的刺激，据此来想起内容，进而可以思索。但是，对于备忘录，听众并不太喜欢……

第二种办法是和您脑中已有的东西一起联想，以记住演说的要点。这种情形，就好比您打开一扇扇的门，到达你要的房间一般，将要点依序列出，从1到2、2到3，依次地进行而不会想不出来。

这听起来简单，但对初学者而言却相当困难。由于初学者一到听众面前就会有害怕的心理，思考力也随之丧失了。补救之道，就是先把你要说的要点，利用一些有趣的联想结合起来。

假设您要说几个毫无脉络（零散而非常难记）的观念，如"牛"、"雪茄"、"拿破仑"、"家"、"宗教"时，您可作如下无意义而滑稽的联想：

"牛"抽"雪茄"，喝一杯"拿破仑"，"家"和"宗教"是离不开的。

现在，请先回答以下的问题——这些话的三点是什么？第五点、第四点，还有第一点呢？

如何？能回答吧！这样便格外容易了。

不管多么风马牛不相及的观念，只要用此法便能使其联结成一锁链。像这样，编个故事更符合需要，越显得愚蠢反而越容易想出内容。想增进记忆力的人可用此法。

（4）忘词的救急法

一个演说者，虽然事前已有万全的预备，但在面对听众演说时，难保不会有意外发生，例如：脑海突然一片空白、说不出话地呆立在台上……

发生此种悲剧的人，即使是女性也无法简单地以一句"不行了！"就坐回位子去，因为她的自尊不容许。恐怕她要花个

10 秒或 15 秒说些话，来想她下面要说的要点了。换言之，要在那些听众面前沉默 15 秒，这是濒于投降的边缘。那么，该怎么办呢？

最近，某位有名的国会议员就发生类似的情形。当时他便向听众问道："听得见我的声音吗？后面的先生小姐都听得到吗？"他明知自己的声音可传遍每个角落，却藉此来思索以下内容的要点，以便安然地继续他的演说。

所以，面对此般窘态时，千万要想想自救之道。有时候你也可以利用自己刚才讲过的最后一句话或是最后一个概念作为下一句的开端。如此，就像小河一般，可以绵延不断而滔滔不绝。

例如，你以"成功的商业"为题演说，你讲完了"一般的生意人不太会提升绩效，是因为对自己的工作干劲不够，欠缺积极性所致。"便突然忘了接下去的话，这时，你就可以"积极性"这个语汇设法讲下去。这个时候，用什么话、什么方法来简短地总结谈话的内容呢？不必有一定的方向。总之，就是要继续说下去，与其完全投降，不如随便说点什么都好。就像这样："所谓积极性……就是独创性，能独自达到某个境界。并不是等待别人告诉你这个那个……"

说些适当的话来联系。当然不是什么才气洋溢的话，也不能期望它成为历史上的名演说，但总比苦于说不出话的沉默好得多了。

刚才说的最后一句是什么？对了，是"被人指示这个那个等等……"好！那么就以此作为下面话题的起点："没有任何独创性的生意人，也总被人指示做这做那……"

这时我们便可举一个危机什么的来过渡这个话题——

"想象力……这对我们来说是必要的。也可以说展望性吧！所罗门王也这么说：'没有展望，不如死亡。'"

对！正是如此。请继续——

"很多人在所谓的商场上，看见一次又一次的失败而深感遗憾。遗憾在这里的意思是指，不管是谁，只要有一点点忠诚，一点点野心，还加上一点热情的话，在成功与失败的窄缝中，无论如何都能引导自己走上成功之路。但是，商场上失败的人，都不肯承认这一点。"

如何？就是这个要领。这样可以无间歇地，边说边引导自己言归本来要说的内容。

这种思考法，有时也许把你引导到逛街、吃蛋糕等话题上，然而，这仍是因遗忘而产生的急救法，可以把你从窘境中解救出来。

7. "从那儿到那儿"的记忆法很勉强

本章已把增强记忆力的 3 个原则一一叙述，其中最重要的就是联想。詹姆斯教授也说："我们无法改进天生的记忆力，但我们可以借着联想来增强记忆力。"

例如，每天背一句莎士比亚的名言，将可把我们对文学作品的记忆力，改善至令人惊讶的程度。每记忆一个词组，就可提供不少的文学上联想的素材。而如果从哈姆雷特到罗密欧都背下来，能有效地增进政治、经济问题的记忆力吗？很遗憾，也不全是那么回事。

再强调一次，在本章讨论过的许多原则如能活用的话，便能有效地增进记忆力。但是，不管在棒球方面有多少知识，对于公司市场方面的记忆则无效。总之，棒球和股份完全无关，无法联结起来。不过我们仍要记住詹姆斯教授这句名言："人类的头脑，基本上便是一架联想的机器。"

备忘录

（1）著名的心理学者卡路·西修说："人类平均利用记忆力不及10%，剩余的90%则浪费了。"

（2）所谓"记忆之法则"有"印象"、"复习"、"联想"三项。

（3）将要记的事项，深深而生动地在自己心上烙下深刻的"印象"很重要。这是法则之一，所以——

集中精神。老罗斯福总统惊人的记忆力秘诀便在于此。

仔细观察。正确地将事情烙印心上。不要像在雾中摄影一般。心中若有雾掩盖的话，便不能留下完全的印象。

用官能来加深印象。林肯对于所要记忆的事，都把它念出声来，利用眼耳来同时加深印象。

"百闻不如一见"，从视觉得到的印象，有利于深烙心上。眼睛的灵敏胜过耳朵25倍。马克·吐温用备忘录演说时，无

64

法记住演讲的大纲，但把备忘录改以图示的方式，便能很快地记下来。

（4）记忆法则之二为"复习"。重点如下：

一口气反复记诵将会效果不彰，不如分成几个时段来记诵，反而可以缩短记的时间和精力。

临演说前要再看一次原稿。以增强自己的记忆。

（5）记忆法则之三为"联想"。把要记的东西和其他较容易记的事情关联起来，詹姆斯教授说："记忆的秘诀，便是把要记的东西创造许多联想。"

（6）与其他事情联想时，可就以下的问题先自问自答：

是什么？

如何变成那样的？

何时的事？

在哪儿？

出自谁的口？

（7）记陌生人的名字时，向他本人询问有关他名字的事，然后再观察其外表，再与名字联合着一并记。由于职业特别好记，跟名字联想来记也是不错的方法。

（8）记日期年号，可以和历史性的重大日期以联想法来记忆。

（9）记演说的要点，必须依序整理，使其能依次自然地想出来。再者，按要点而作段有趣的联想文章也是记忆方法之一。如"牛抽雪茄、喝杯拿破仑、家和宗教是离不开的"，滑稽可笑的文章不容易忘。

（10）虽准备万全地站到讲台上，演说中途却突然忘词，这种时候，利用忘记前的句子，若无其事地继续发挥下去，便能挣脱危机。

第五章

成功的演说秘诀

在向南极探险的途中死去的史考特很喜爱一首名为《克维斯特号精神》的诗。"克维斯特"号是南极探险船的名字，这首诗挂在它甲板上一个很醒目的地方。

如果你有梦

却不盲从梦境

如果你能思考

却不为思想所惑

如果你在失败之中

却毫无畏缩

竭尽你的身心乃至于勇气

并且——

完成所应做的事

努力！不管到何种境地

即使只留下呼喊

时光无情

一分一秒地逝去

但大地一切属于你

是你的小孩

这是最重要的

如能这样，你便成长了

正如面对南极大自然的威胁而踏出这一步的史考特一般，当大家决心成为一个杰出的演说家时，首先就要学习此种精神。

但很遗憾的，并非每个人都具备此种精神。好不容易立志向上学习，却半途受挫而未达目的者何其多！这不仅是遗憾的事，或许也可说是人性悲哀的一面吧！

那么本书也应渐渐接近转折点了。但是恐怕有失望的读者——虽然已经读了快一半，却一点也不能克服在人前演说时的恐惧感、一点也不觉得有自信……请别那么泄气！"无论受什么伤，都需要时间来治愈"，打起精神再前进吧！

1. 为什么需要"努力"

法语、高尔夫或是演说，大凡学一样新事物时，不可能如同电车一般进步神速。在突破之前，总有难以跨越的一个阶段，或是维持现状、或是退步亦说不定。那种停滞或后退，在心理学上称之为"学习曲线之平面"。

学习演说而无法突破这个平面的人很多，此时无论再怎么努力都无效。意志薄弱的人就陷在那儿了；较有耐心的人，只是一味地练习，结果在一段时间的努力后，一夕之间，竟发觉突然进步一大截，连自己都吓了一跳。一旦得到窍门，便开始有了自信心。

首次站到听众前演说，不管是谁都会被恐惧与不安所袭击。这时若能耐心努力的话，必能除去不安的情绪。最初的恐惧感就如字面上的意义"只限于一开始"，只要说一两句话，保证就会镇定下来，因为发觉事实并非那么可怖，便一定能从容说下去。

2. 勇往直前吧

有一个青年有志于学习法律，他写信给林肯，希望林肯给他建议。

林肯在答复他的信中说："如果你已经下了决心想做律师，那么，你已经成功了一大半了……请你永远记住在所有成功秘诀中，决心是最重要的条件。"

林肯深明这个道理，所以他一生都是这样做的。他生平没有上过一年以上的学校，但却十分喜欢读书。有一次，他从家里走到 50 英里外的地方去借书，到了晚上，便在小木屋中燃起了柴火，借着火光读书；第二天一早醒来，就立刻揉揉眼睛再把书继续阅读下去。

他常常走二三十英里之远，去听名人演讲，回来后便私底下揣摩一番；他也常常在田野中，把马和树木当对象演说，或向约翰杂货店的买主们演说；他曾加入春田市的学术辩论会，把每天的事件，作为练习演说的题目，正像我们现在练习的一样。

一种不自然的心理，常常困扰林肯，尤其是在女性面前，他会羞涩得讲不出话来。他与玛丽·托德小姐交往的时候，常常羞涩地默坐客厅一隅，找不出话来谈，只是静听玛丽小姐一人说话。但是当他在家自修苦练的结果，居然驳倒了演说家道格拉斯参议员，而在盖茨堡纪念烈士大会上，和第二次总统就职时，成就了演说史上无与伦比的辉煌纪录。

现在白宫的总统办公室中，悬着一幅林肯的画像，老罗斯福总统说："我碰到犹疑不决的事，便抬头看林肯的画像，想象他处在这一个情况下应该怎么办，也许你觉得有些好笑吧？但这是使我解决一切疑难最有效的办法呢！"

你为什么不去试用一下老罗斯福的办法呢？如果你正在努力练习成为一位演说家，而你碰到了困难，请你不要气馁，你可以想一下，当年的林肯，真比你要困难得多哩！林肯和道格拉斯竞选参议员失败后，他告诉他的同伴说："即使失败一次，甚或一百次我也决不灰心退缩！"

3. 努力必得收获

美国心理学家詹姆斯有一段名言，希望你每天早晨都翻开来熟读一遍——

青年人不必愁自己所受的教育会落空，不论你做什么事业，只要你忠诚于工作，每天都忙到累倒了，总有一天清晨醒来，你会忽然发现自己是全世界能力最丰富的人之一。

我可以套用詹姆斯教授的话来说，如果你以充分热忱来研读本书，并勤于练习，你一定会在某天清晨醒来，忽然发现自己已经是全世界屈指可数的演说家之一。

这并不是妄想，而是一条真确的原则！让我们来看一个实例：

史宾金·克斯是前纽泽西州的州长，他曾经参加过我在多伦多开设的演说训练班的毕业典礼，仪式中规定每个学员都得发表一篇演说。最后史宾金·克斯州长站起来说，他觉得各学员演说成绩的优良，实不逊于美国参众两议院中各政治家的演说。这些学员都是商人，而且在几个月前，还都是怕听众而又会口吃得讲不出话来的人，显得毫无演说的天才，但是他们有一天早晨醒来，突然发现自己已经成为大演说家了。

你能不能成为大演说家？问题只在于你有没有自信心和学习演说的热忱。

詹姆斯教授说："无论你学习什么？只要有了诚意和决心，是永远不会失败的；只要你埋头下工夫，绝无不成功之理。比方：你想发财，就可以发财；你想有学识，就可以有学识；你想有名誉，就可以有名誉。不过你必须把全部心力和兴趣倾注上去，否则一面想做这件事，一面又想着许多毫不相干的事，那就永无成功之望了。"

詹姆斯教授很可以再加上一句话："如果你一定要成为一个大演说家，就可以成为一个大演说家，不过你必须把全部精神和兴趣倾注上去。"

我观察过几千个打算获得自信心和在听众前有讲话能力的人，发现其中的成功者，很少具有特异的天赋，大多是一些普通的人。因为凡有小聪明者，常先气馁，或者太醉心于赚钱，他们的成就并不大；倒是普通人，学了本书所说的各种方法后，肯下苦功练习，反而成绩显得特别优异。

这是非常平实合理的事，三百六十行中，到处都有这种例子，石油大王洛克菲勒曾经说："成就事业的第一要素是——坚忍。"学习演说而希望成功，也非"坚忍"不可。

法国佛西大将，曾经统帅过世界最著名的雄兵，他说他只有一个特长，就是"永不气馁和绝望！"

1914年，法国的军队退到了梅恩地方，佛西将军对他所指挥的200万大军的各将领下令停止退却，开始反攻。当时这场历史上最著名的血战已经持续了两天，佛西大将奉命扼守主要阵线，当时他给某将军一封短札："我的中路已经打败，右翼也已后退，这是绝好的形势，我要趁此大举进攻了！"巴黎就这样获救了。这封信在军事史上可说是最令人热血沸腾的名句。

亲爱的读者，如果你的中路已经打败，右翼也已后退，这正是绝好的反攻机会，进攻！进攻！唯有趁此进攻，才可以保全你最优秀的部队！

有这么一段故事。都彭海军司令对自己失败的原因（为什么没有炮击查尔斯顿港一事），举出了十几个例子。在一旁仔细听的法兰克司令说：

"没错，但是还有一个原因吧？"

"什么？"

"你当时认为自己不可能办得到。"

4. 持有胜利的意欲

参加演说训练者，最有价值的收获就是"自信"，亦即对自我能力的肯定。

著名学者哈巴特先生有一段名言，说的很好，值得我们牢记。如果一般人在平日都能照这段话去做，那他的生活，定将愉快而顺利得多：

当你出门时，请把下颔收紧，额头抬高，肺部吸满空气；碰着朋友，含笑地向他打个招呼；和人家握手时要热忱，不怕被人误解，不浪费一分钟的光阴去设想你的仇人；做事必须打定主意，不要常常改变方向，一直向着你的目标前进，把你的心，完全放在你所希望的光明而伟大的事情上去。如果你照这样去做，日子一久你自然会知道，你已经在无意之中抓住了完成你理想的机会了，正像珊瑚虫一样，从急湍的潮水当中，吸取了它所需要的物质。你的心中必须有一个模范形象，使你做事有了准则，久而久之，你的思想，就会不知不觉地跟着渐渐改善，成为你所崇拜的人物了。思想是最有力量的，你必须保持正确的心理状态——勇敢、坦白、愉快地去用你的脑子，一切事情，都是从欲望中来的，你有虔诚的祈求，就可以得到满意的答复。

拿破仑、威灵顿、李将军、格兰特、佛西大将以及所有伟大的军事领袖，大多承认使一个军旅获得胜利的意志，以及对于获得胜利之能力的坚强自信，比其他任何决定胜利的要素都重要。

佛西大将军说过："9万败军，在战胜的9万军队面前退却，完全是因为前者已经失掉了战胜的信心，失去了坚决的斗志之故。"换句话说，战败的9万士兵，他们并非因为受了外在的压迫，而是因为他们失去了勇气和自信。一支军队，碰到这种状况也就没救了。同样的，一个普通人有了这种现象，也就完全没有希望了。

第一次世界大战中，同盟国海军的随军牧师富雷哲，被问到作为随军牧师的成功秘诀时答以"4 G"，即：

Grace（品格）

Gumtion（积极性）

Grit（气概）

Guts（胆识）

这4项，在您学习公共演说时也是必备的条件。

备忘录

（1）不管学什么，高尔夫也好、法语也好或是演说，开始时是急速性的提升，然后是持续无变化的水平状态，甚至是退步。心理学家称之为"学习曲线之平面"。这平面虽是很难突破，但一旦突破了这个瓶颈，有一天，你将发现，自己已从此平面飞起，在一夜之间有了长足的进步。

（2）坚持下去，即是挣脱恐惧感的最佳办法。总之，如能在讲台上多说上两三句，那种不安感便会自然消失。

（3）詹姆斯教授说："只要努力。不用担心所受的教育会不会落空。如能忠诚所事，在某个美好的早晨醒来，你将发现自己已成为当代能力最好的人之一。"在演说方面成功的人，并不比别人拥有更优越的才能，而是以坚强的决心与耐力去努力的结果。

（4）老罗斯福总统在受挫时，会仰望林肯的肖像自问自答："如果是林肯的话，他会怎么做？"您也把自己当做不屈不挠的林肯，这样大概就不会被打败了！

第六章

动人的言语

第一次世界大战后，史密斯兄弟以历史上首次完成伦敦—澳大利亚间的飞行，而一举成名。随后，连英王也特别赏赐他们武士爵位。

此后，他们屡作飞行经过的演讲，当我帮助他们演说时，便配合影片来辅助说明。一天两次在伦敦的演说长达4个月。

兄弟两人在环绕地球大半圆的飞行中，一直并坐着，两个人的体验该完全相同吧！何况是兄弟，说话的方法与内容也非相近。但是说到演讲的印象，好像两人的体验并不相同！

说话的时候，语汇并不是最重要的，而是其幽默与情趣。

重点不在说什么，而在于"怎么说"。

你没有这种经验吗——音乐会中著名的钢琴家所弹的，和你所弹的是同一曲子，但总令人觉得有所不同——手指敲的虽是同样的键，使用方法、情绪和个性，却有艺术与庸俗之别。

不仅是音乐，绘画也一样。不！几乎所有艺术的范围，所谓天才与凡才的差别，也都是基于这种不同的情调。

跟触碰琴键一样，我们在说话艺术上，也具有这样的道理。只是，动人的演说，除内容外，还有说话的技巧。夸张地说，能言善道者，即使内容单薄也能感动人。

"演说的重点有3个。"某位讽刺家说道："一是演说者是谁；二是怎么说；三是说些什么。"

其中最重要的是第二项。

当然这或许有些夸张，但仔细想想，实在含有很深的道理。

英国政治家爱德曼·巴克写了论理、论法、构成等几乎完美无缺的演说稿，今日仍被很多大学作为演说研究的对象。但巴克自己却没成为演说家，悲哀吧？会写那样的稿子，却欠缺会说话的嘴巴。他在众议院被戏称是"吃饭的铃声"。因为每次只要他一开口，马上就会使得议员们站起来，离席而去。

钢铁制的弹丸无法穿过衣服，相反，蜡烛虽软，只要沾上火药亦可贯穿松木板，像蜡烛那样软调的演说，沾上火药后便如钢铁般硬。可见，光有钢弹一般的演说材料，如果用得不得法，还是没有用的。

各位是否已经了解"说话的方法"是多么重要了呢？

1. 说话的方法

所谓"说话的方法"英文就是 delivery（演说时的态度、声调和姿态），也有"送达、传达"的意思。

百货公司在"送达"您买的东西时，是常将它们放到出口处而置之不顾吗？信件并不直接"送达"给收件本人，而是投到邮筒。但是，演说人是否也如此地将自己的演说"送达"出去呢？当然不是。

举个一般人演说的典型实例吧！

是我停留在瑞士阿尔卑斯山避暑地慕伦时的事情，当时我住在一家伦敦大旅馆，该旅馆每个礼拜从英国请来两位演说者对旅客谈话。

其中的一位是有名的英国女作家，题目是"小说的未来"。但是她说这并非自己所选的题目，也没有什么特别值得说的。在讲台上慌张的她，也不看听众，时而看看会场后面，时而看看备忘录，结果在整个演讲中都无法镇定下来，完全是语无伦次，欠缺要传达什么给对方的"沟通"意识。而这种沟通意识，可以说正是好演说的首要条件。

要传达的话如从说者的心直线地传到听者的心，听众必能真正受到感动。像这名女作家的情形，还不如到无人的沙漠去较好！

说话的方法，即演说的送达，是极为简单的问题，同时也是极为复杂的过程。但常被误解，也常有多余的过程。

2. 理想的演说秘诀

听众对演说者的期望是，即使是 15 个人或是 1000 人的集会，也要像是一对一那样亲近地直接对话。

不管多大的集会都要当作是对一个人说话。虽说是大集会，终究是一个个普通人的集合体。听众期待的是"平常的说话方

"法"，把个人当对象的成功说话法，当然也适用于把集体当对象的情形。

我在刚才举例的旅馆中的另一夜，也有很好的机会听到英国物理学者奥立佛·罗基先生的讲演。在以"原子与宇宙"为题的演说里，他完全忘记是"正在演讲"。但是，这个"忘记"很重要。当时他所想到的并不是怎么样演说，而是怎么样能把原子简单又正确地说明给大家听。

对于完全是门外汉的我们，好比让我们看到和他自己看到的东西一样；让我们感觉到和他感觉到的事物一样，他是那么地"忘我"。结果，演讲当然是相当成功的，洋溢的魅力，真的给我们很深的印象。

各位读者所做的演说，假使被听众认为"这个人受过演说训练"的话，身为作者的我，并不会替你高兴；相反，我要劝告各位——给听众一种不敢相信你受过训练的感觉——由于你的自然与亲切。

好的窗子是不会要你意识到它是窗子的，它只是忠实地显现收尽风光的效果罢了。会演说的人也是一样，他会自然到让听众只是十分投入地听其内容，而不会意识到那是场演讲。

3. 汽车大王福特的忠告

"每一辆福特汽车都无丝毫的不同！"福特汽车的创始人亨利·福特经常这么说。

"但是,"他又加上,"人就没有完全一模一样的了。每一个小生命出世就带来一种特点。每一个青年应从自己身心中找出这个'个性'的特点,努力去发展。社会和学校也许会把他们这种特点磨平了,使所有的人都成为一个模式;但是你们千万要打定主意,不要失去这个最重要的成功关键,他是使你出人头地的一只梯子!"

上面是汽车大王福特的一番经验谈,它尤其适用于演讲方面。世上成千上万的人中,不曾有两个"鼻子、眼睛、嘴巴长得一模一样的人",更不会有两个人的性格、气质和情绪是完全相同的;就是你的说话和想法,也不会有人和你完全相同。个性是你私人的珍宝。如果你想成为一位演说家,你尤其应该珍爱你的个性,它是增加你说服力和感染力的要素,"也是使你出人头地的一只梯子"。

一个人讲话的态度,是他"个性"的重要特点之一,好像一个人的胡须,或秃顶在他整个面貌上,占有很重要的地位一样。

当年林肯和参议员道格拉斯在伊利诺伊州作了场名垂青史的辩论。体格高大笨拙的林肯,体格短小精悍的道格拉斯,他们两人的个性、器识、气质、人格的不同,正像他们外表的不同一样。

道格拉斯受过极高深的教育,林肯则是刻苦自修的;道格拉斯举止文雅,林肯则很粗鲁;道格拉斯庄严而毫不幽默,林肯是历来最会讲故事的人士之一;道格拉斯讲话很少用比喻,林肯的辩论最爱用比喻；道格拉斯狂傲自大，林肯极谦恭温和；道格拉斯的思想十分敏捷，林肯的思想十分缓慢；道格拉斯的演讲猛如旋风，林肯则缓如溪流。两个人是这样的不同，但却都是极能讲话的人，因为他们都有勇气和主见。

如果两人中有一人要去模仿另一个人的话，那是可以担保一定要"学虎不成反类犬"的。因为他们各利用自己的个性，所以两人都能成为特殊人物。"你自己是怎样的，你就任其怎样好了！"

你以为这是很容易办到的吗？不，诚如佛西将军发表战术上的意见说："它的理论十分简单，然而实行起来却十分麻烦。"

干练的演剧家，都知道一个演员或演说者，必须练习到站在观众和听众之前态度仍旧能够十分自然。在你四五岁的时候，你可以到台上去对一大群的听众背诵一段故事，或是唱一首歌，但在过了二三十年后，有人请你登台讲演时，你仍能保持你在四五岁时的神态吗？也许你以为能够，但仍将显出局促不安的态度或心情。

训练演说的目的，是在设法减少一切障碍，使发言者能够很从容地侃侃而谈（像无故被人推倒时起来和人理论一样），目的并不是要替自己增加一些什么特长。

我在演说训练班上，有几百次把正在演说的学员的话中途打断，请他讲得更自然一些。我还不知道有过多少次，弄得晚上十分疲惫地回去，只为了要尽力训练学员从容说话。从这里你可以知道这是一件很不容易的事。

使你演说时从容自在的唯一方法，就是"练习"。

当你练习时，如果发觉你有讲话呆滞或感到羞涩的情形，你可以立刻停下来激励自己："这是什么病？嘿！醒来吧！回复你的常态吧！"然后在听众中随便选出两个人来和他谈话，忘了其余的人。你不妨想象他正在向你发问，你正在给他答复。一旦人家真有问题问你，你更可以立刻答复，这一定可以使你的演说从容顺畅得多。

在演讲的时候，你不妨穿插一些自问自答的话，例如："你们要我证实这句话吗？好吧……"接着就直接回答这想象的问题。这常常可以使你的态度显得极为自然，而且可以打破一个人讲话的单调而枯燥的空气，加强你演说的愉快气氛。

真诚、热烈、恳切，可以给你很大的帮助。当你感情激动时，一切演说上的障碍，都可以被你热情的火焰完全烧毁。同时你的动作和谈话都可以显得很自然了。总之，演说的方法就是把你的情绪放在你的谈话中。

4. 自然说话方式的 4 个特征

在这里，我将提出几种使演讲格外明显和生动的自然姿势来讨论一下。

读到这里，也许有人要说："哦，我明白了，你是想强迫我们照你所说的，去这样那样地做，是吗？"不，因为我很知道如果你是一个口令一个动作，只有使你更加呆板、更加乏味罢了。

也许这里所说的几个方法，在你昨天和人家闲话家常的时候，已经不自觉地用过了，好像你吃下去的饭，已经在不知不觉中完全消化了一般。

（1）以声调的高低表现语气的轻重

这是一件很平常的事，也许你在平日闲聊中，早已不经意地用过千百次了。虽然一句随口说出来的话，字句的意义上总有重要和次要的分别；当你说到重要的字句，你的声音自然就提高些；不重要的，声音就放低些。比方："今天'我'做了一件'好'事。"当我们说这句话的时候，对于'我'和'好'两字，声音自然会比较高些。现在把拿破仑说的话拿来试一下："因为我'决心'要成功，所以凡是我做的事都得到了'成功'！我'胜过'一般人的地方，就是我做事'一点都不犹豫'。"请把引号之中的字特别提高声音来读，看看结果怎么样？

当然，读这段话，并非一定要用这样的语调，也许别的演说家的读法另有一种风格。总之，声音的高低，并没有铁则，还得要照各人自己的意见去定声音的轻重。现在，你且依着你自己的意见，来读一下老罗斯福所说的："在人类的特性中，最重要的算是决断。一个孩子，他想在将来成为一个伟人或是事业上获得成功，他不但要克服千百个障碍，而且还要有非获得最后胜利不可的决心。"

再将下面这段文章，用认真的、清楚传达的语气来读它。你大概会在不知不觉之中强调了重要的语汇，其他的语汇则快速地读过：

你假使想"会输"，你就"真的"会输。

你假使想"不会做那件事"，你就"真的"不会做。

你假使想"想胜利，但好像不会胜利"。那么，同样的，你就"真的"不会胜了。

人生的战场，不限于强者和速度快者才会胜利。

只是，胜利终究是属于心想"会胜利"的人。

（2）改变声调和音量

我们谈话的声调总是高低起伏，像波浪般的变化无穷。这是什么缘故，从未有人回答，而且也从未有人注意，更没人刻意教我们，这是我们在小孩子的时候，就会了的一种极自然的法则。但是我们站到听众面前演说时，我们的声调，却立刻变成平凡而单调，好像一片荒凉的沙漠。

当你发觉你的演讲有了这种情形时，不妨停止几秒钟，在心里责问自己说："这真是机器人讲话的声调，应该讲得自然一点，有人情味一点！"然后继续演讲。

也许可以使你藉这几秒钟停顿的机会，把声调重新矫正过来。

你不妨事先指定一篇演说词中的几个单字或是短句，在讲到这几个字或几句话时就突然把声音提高或是压低，结果往往能特别引人注意。

现在请你把声调特别放低了，读下面引号中的字句，看看结果如何："我只有一种特长，就是我'永不绝望！'"——佛西将军的话。"教育的最大目的,不是单单知道而已,想要成功,'最主要的就是信心'!"——吉朋斯大主教的话。

（3）改变说话的速度

平日我们和人闲聊,常常改变说话的速度,这是我们在不经意中,自然地应用了一种很有力——也是最好的说话方法。它可以使整个意见的某一要点,显得特别"突出"地表白出来。

史蒂文森在他的名著《记者眼中的林肯》中说:"林肯总统,常是很快地一口气讲出了许多字,遇到其中想强调的字句,就把声音特别拉长或提高,然后再像闪电一般,一口气说完那句话。他常常使一两个重要的字,所占的时间比六七个不重要字的时间长得多。"

用这种方法,可以抓住听众的注意力,这是毫无疑义的。当我演说的时候,也常常使用这个方法。现在请你把下面一段文字的引号中的字句特别拉长了读一遍,看看结果如何?

吉朋斯大主教,他在快要逝世的时候说:"我已经活了'八十六年'亲见'几百'人'走上了成功之路……'从这上面发现所有能够成功的'重要'因素中,最重要的就是信心——'一个失去信心的人,是万难成功的'!"

请你再做一个实验:先用漫不经心的迅速语调说:"3000万元",然后用吃惊的口吻慢慢地说:"30000元",详细玩味一下,是不是好像30000元的数目比3000万元的数目要大了许多?

（4）重要意思的前后要停顿

林肯每次演说碰到想把一个重要意思深深印在听众的心里时，就把他那高高的身体略向前倾，目不转睛地瞪着听众，良久不发一言。这突来的沉静，和乍然的一声春雷是有着同样的功效；这功效，就是极能引起人们的注意。

当林肯对道格拉斯议员做著名的辩论时，他那惯有的一种忧郁的神色，常常不利于他，使他讲出来的每一个字都带着一种凄凉的意味。因此当他将要结束的时候，早已露出失败的征兆，但他突然卷起双袖，两眼逼视台下那群似乎快要打瞌睡、又好像对他有些好意的听众，沉默许久后，忽然用了一种特别的声调说："朋友们，我和道格拉斯先生两人无论谁被选为参议院的议员，都是不重要的。可是，今天我要在诸君面前提出一个重大问题，它的重要性在我私人的利害或任何党派命运之上，朋友啊！"

说到这里，林肯又停下来，听众们对于每一个字，都是细心听着：

"那个问题，即使在道格拉斯先生和我死后埋入土中，舌头已经腐烂、不会再讲话的时候，它也仍然存在，而且仍在一些人的心中燃烧。"

"这短短的几句话和演讲的态度，深深打动每一个听众的心灵。"有一个预备替林肯作传记的友人说，"林肯演说时，常常在一些重要的字句之后，突然停顿下来，他深知这一段短短的静默，可以使他刚才所讲的重要意思，完全送进听众的脑海中去。"

罗济爵士也是深谙此道，他在每一重要字句的前后，总要停顿一下，甚至一句话，会停顿三四次。但是，他停顿得十分自然，毫无勉强做作。演讲时利用停顿，就是一个最聪明的方法，值得我们多多仿效。一般学演说的人，往往没有注意到这一点，十分可惜。

现在，我把下面一段演讲中应该停顿的地方标了出来。不过，这所标的并不是不能改变的，也许你认为我标得不太高明，这是难免的。因为这种强调本来没有一定的法则，也许你今天以为应该在这个地方停顿一下，到明天再讲的时候，便以为不该在这地方停顿了。

你先不用停顿地读一遍，然后再照我标注停顿的地方用停顿的方法读一遍，两相对照，就可以看出停顿的方法有些什么效果了。

"经商就像打仗（略停顿，使"打仗"两字，印入听众脑中），只有以战士的勇气才能在商场中获得胜利（停顿），我们也许并不想这样做，然而，这种情况，并不是由我们造成（停顿），而且也不能由我们去改变（停顿），如果你有一天加入了商战的阵线，你就得拿出勇气来（停顿）。要不然的话（停顿一两秒钟），你干任何事业都将惨遭失败（停顿）。比方打棒球（停顿），如果一个人想一棒击出全垒打，那就决不可对于对方的投手怀着畏惧（多停顿一下）。请记牢这一点（略停顿一下）：那位竟能一棒把球击出球场之外，安然跑完全垒，稳得一分的球员（多停顿一下，使听众急着等待你说出是谁来），在他的心上，必定是早已有了坚决的意志，咬住了牙根，准备做他那一棒惊人的事业了。"

这次，用心地发出声音来念出下面的文章，将意味传达给对方，如果是你，在哪儿停顿呢？

美国国土中，有广大的沙漠，不是在爱达华州，不是在新墨西哥州、亚利桑那州；所谓辽阔的沙漠，很普遍地在美国人的帽子底下。那巨大的沙漠不是物理性的沙漠，而是精神性的沙漠。

这世上并没有可治百病的特效药，但是，与这最相近的就是广告了。

——J.S.洛克斯教授

我需要取悦的只有两个人。一个是神，另一个人是我自己——葛菲鲁特。我现在必须与"葛菲鲁特"共存，除此之外，就是和神共存。

——詹姆斯·葛菲鲁特

想要使演说成功，就将我所陈述的这章当作指南来遵守。但是说不定还是会失败几次的。用日常会话的语调来做演说的话，也不见得是使人有好感的声音，文法上的错误是明显的，若是动作不灵活的话，说不定还会使人不愉快呢！

人们每天所说的话，说起来是有改善的必要。首先，在日常会话中要磨炼自然的聊天方式，一直达到完美的境界。然后，再把这种语调拿到演讲台上去。

备忘录

（1）关于演说，除了语汇之外，最重要的就是"风味"。"说话的方式是比说话内容重要的！"

（2）在说话者中，有很多人无视听众的存在，眼光老是注视着远方。这无异于一个人在自言自语，完全没有将任何意念传达给对方。听众和说话者间彼此的感情传达是重要的。若像刚提到的那样，就是扼杀了会话和演说的意义。

（3）理想的说话方式和会话，调子在于率直自然。在任何一种集会场所说话时，你就当它只是对着一般的平常人说话。话又说回来，任何一种集会，不都是一个平常人的集合体吗？

（4）任何人都有演说的能力。如果你怀疑的话，试试将身旁的人，一拳打倒看看。那人必会一边挣扎而起、一边同你理论——而这就是一篇毫无瑕疵的演说了。我认为如果能这么自然是很好的。但这自然要不断地学习和练习。一味地模仿别人也不好。应该在说话中注入自己独特的个性和别具的风采。

（5）演说时，你要抱持着听众会有反对意见的态度对听众说话，或是你想象有人会问你问题。然后你就这样说："为什么是这样呢？为什么这么说呢？我来做个说明……"这种方法实在是非常的自然，比起不灵活的聊天方式，实在是有很大的改善，显得非常从容、又有人情味。

（6）真心的说话。怎样的圣典、教条都比不过真诚的感情，这是对你最有利的。

（7）你很认真地和别人说话时，都会不知不觉地实行以下4点。但是，一站到人前时也可以同样自如地做到下列4点吗？大部分的人都会忘了的！

强调重要的语汇，其他则轻轻带过。

声音的调子也是重要的。从高音到低音、再从低音到高音，让它圆滑地流过，如同流水一般流畅自然。

演说说的如何呢？不重要的地方要像快跑一样，重要的地方就要慢慢说——这种情况是要你把说话的速度调整得疾徐得宜。

临到重要的地方，在其前或后稍做一下停顿，效果是非常好的。

第七章

说话者的态度和人品

有一次，卡耐基学会以百名以上著名商界人士为对象，作了一次智能测验。结果得到一项结论："对于成功的重要性，人品更甚于智能。"

　　这实在是个值得注意的发现。无论是商界人士也好、教育家也好、其他专家也好，尤其是演说家，这是一个意义深远的结论：站在人前说话，撇开"准备"不谈，其"人品"真的才是最重要的因素，不是吗？美国著名的作家哈巴德也这样说过："一场好的演说之所以博取听众的心，除去其演说内容不说，实在是在于演说者个性所散发的魅力。"

　　然而，"人品"实在是个十分含糊、抽象的概念，就好像去分析紫丁香的香味一样难以测度，没有一个具体形象可言。

　　"人品"——若要谈它就必须从整个人来说，肉体上的、精神上的或是心理因素——此人的性格、好恶、倾向、气质、性情、活力、经验、训练——也就是关乎此人生活的全部。真像爱因斯坦相对论一般复杂难解。

　　"人品"几乎是决定于遗传与环境，要改变是相当不可能的。但是，我们可用思想来加强它的特性，使它更有力而吸引人。

努力的结果，可以将此与生俱来的奇妙东西作最有效的发挥。

如果你想把自己的个性作淋漓尽致的发挥，那么，你得好好地休养后，再活力充沛地站到听众面前！因为一个疲劳无力的演说者，是缺乏魅力的。

演讲准备的最后关头，也就是演讲的前一天晚上，请不要有那再愚蠢不过的行为——事到紧要关头还不停止地反复练习，那将会对你造成过大的心理负荷，会使你临阵气竭、活力尽失，且身心衰微的。

美国著名的女高音歌手法拉，在家里即使客人还不想走，而只要时间一到，她就会毅然自席间站起，将客人交托给丈夫，自己说一声"晚安"之后便径自回房睡觉。一开始客人都会吓一跳，但其后便知道这正是她对自己从事的艺术工作所做的一种出场前的预备。

普玛多娜夫人也说，为了保有歌剧首席演员的地位，不得不放弃一切的嗜好、社交、朋友或者多么值得去参加的饭局。

说到吃饭，遇到重大的演说前，特别要在饮食上多费神些较好，要避免暴饮暴食，而要以简便的饮食代之。以前名歌手梅尔巴夫人说："遇到晚上要公演的日子，都不吃正餐，只在下午5点时吃些鱼或鸡肉、面包、水果和一杯开水。所以一直到表演结束时，肚子都是空空的。"

这些方法是多么高明！实际上，我直到做了专业演说者之后才开始深切体认到。饱食后的一两个小时是无法做好一场演讲的，因为该到我们脑中帮助思考的血液，全都跑到胃中去对付那一肚子的牛排、蛋糕了。

"音乐会前我要是顺着自己的意思想吃什么就吃什么,那么体内的食物就会开始横行霸道,非但会侵入正在演奏中的手指,动作也会变得迟钝。"——这是名钢琴家裴德林斯基的话。

1. 有魅力与无魅力的演说者之间的差别

停止一切会使自己"能源"变钝的事物。自身的能源有如磁铁一样。活力、朝气、热劲,是我在甄选演说者时所要求的第一条件。能量充沛的演说者,也就是能源供应稳固的演说者,他的周围总是冠盖云集的。

伦敦海德公园的露天演讲场所,是各色人云集的地方。一到星期日午后,你可以自由选择各种演讲来听——天主教徒怎样避免犯错、社会主义者如何宣扬马克思的经济原理、回教徒为什么不妨娶个三妻四妾。但是仔细看一看,就可发现只要有一处是围满人群的,他的邻居(隔壁的演说者)就必然门可罗雀。这是为什么呢?难道单单是因为演说主题之不同所导致?

不!真正原因在于演说者本身。能够吸引众多听众的演说者,对自己的主题都极有自信及兴趣,因此他的话特别能引起他人的注意。因为该演说者将自己的狂热投入演说,当表达出来时,便充满了活力和生气,也因此赢得了人们的青睐。

2. 服装对于心理的影响

曾经有一位心理学者提出"在人前说话时，自己的衣着会给自己什么样的心理影响？"的质询来征求意见。所得到的回答，几乎异口同声是："穿着整齐的服装站在台上时，就会感到充满自信与力量。很显然，它的影响力是很深远的。"由此可知，外表上的成功是导致成功的秘诀。因此，你能不注重自己的服装吗？

那么反过来看，演说者的服装又会带给听众什么样的影响？根据我的经验，比如说者是男性，松垮的长裤，走样的上衣和旧鞋，口袋里尽是笔、读过的报纸或是香烟等，碰一碰都会掉出来似的；女性则是粗糙而塞得鼓鼓的皮包，衣裙底隐约可见里衬等，这样的人一站到台上，怎么看都觉得拙劣，无法产生敬意。听众不免要认为：这个人的脑袋大概也和他的穿着一样杂乱无章吧！

有一个小故事：美国南北战争中南军的李将军到奥克玛陶克斯法庭去交卸他的军队时，身着簇新的军服，腰佩极名贵的军刀。而另一方的格兰特将军却穿着平时的军便服。后来格兰特在其回忆录中这样记载了当时的情形："面对那样一丝不苟、整齐神气的衣服，以及那身长 6 英尺的壮硕身材，当时的我简直成了鲜明对照，多么不像样啊！"

在这样历史性的场面上，未能以适当的服装莅临会场，难怪这位将军心中要留下了一生无以弥补的遗憾了。

3. 上台前，你已被评论了

这是我过去在《美国人杂志》时，向一位纽约银行家约稿的故事。我在他写稿期间，询问了这位银行家友人成功的因素。

"理由有很多，但我想最大的理由，应属一张吸引人的笑脸吧！"乍听这样的回答不免令人感觉略嫌夸张，但我相信它是千真万确的。在这世上，比他经验丰富或者判断力更好的人不知凡几，然而他却有别人所没有的财富，那就是令人喜欢的印象。那张把人温暖地包围住的笑脸，正是他最了不起的特质。这笑脸可以瞬息间得到别人的信赖和善意，这样的人谁能不接纳爱戴呢！

中国似乎也有这样的成语："和气生财"。的确，商店柜台上的笑脸，是人们所乐见的。就另一方面而言，听演讲的人能看到台上的笑脸，不也是一种喜悦吗？

我想到一位受训学员的故事。这个人为了演讲而站在台上时，总是呈现给听众一种他是很喜欢站在那里讲话的表情；而与我见面时，也是用一种发自真心的快乐，永远笑容可掬。如此，听众自然被他和煦的气氛所包围，而深深喜欢上他了。

相反，若以冷漠、漫不经心的态度来演讲，在演说完毕后，会表现出"啊，总算讲完了！"的态度走下台去。不可思议的是，我们的听众竟也有同样的解脱感，这样的态度竟是会传染的。

"物以类聚"——欧弗史托利特教授在其著作《人类行为的影响》中这样写着："愉快能够产生愉快。"演讲时，说者若对听者报以关心的态度，听者一方也同样会对说者持关心的态度，这样的实例很多。说者一副嫌恶的表情，听者对他，哪怕在心里也好，也会同样模仿他这嫌恶的表情；畏首畏尾、张惶失措的说者，得不到听众的信赖；大言不惭、厚脸皮的说者，听众也会专横地反击回去。

早在上台前，我们已受到听众的批评了，无论是非难的或是称许的。因此，我们演说时，用一种可受到听众热切欢迎的态度登场，这样的做法不是较妥善吗？

4. 要让听众集中在一起

以演说为职业的我，同一天内再次演讲的情形并不稀奇。有时，下午的一场只有少数的听众，稀稀落落地坐在空旷的场所，而晚上那场，会场是在半间教室大的室内，听众却是爆满的。

如果来比较看看这两场演讲听众的反应，下午那一场只能使听众稍微牵动嘴角的话，晚上却能引起"爆笑"。甚至下午听众完全没有反应，晚上却能得到听众大声的喝彩，这样的差异到底问题出在哪里？

其中一个原因是听众层次的不同。下午来的听众有很多是年长的女士，而晚上的听众则较多是较具活力的男士，因此真实地表达自己的感受、感情的程度不同。但是这只是理由之一，还有其他的原因。

听众不能聚在一块儿、分散开来坐时，听到什么话也不易使其心动及共鸣。在宽广空洞的空间里，到处都是明显的空位时，往往无法鼓动听众的热情。

名传道者毕吉先生在耶鲁大学讲《怎样传道》时说：

人们常常这样问我："是否面对众多听众演说，要比对少数人演说来得容易带动气氛？"我总是回答："不！纵使对方只有十多个人，我也一样可以像对1000人说话那样说得好。可是，这十多个人一定得包围着我，保持着彼此身体几乎可碰在一起那样地亲密才行。相反，即使有1000个听众，如果是在一个很大很大的场合，人与人之间相隔了1公尺的话，那与面对一所空屋有何不同！所以，演说时一定要让听众聚集在一起，那样的话，你用一半的努力可换得听众两倍的感应。"

通常听众混杂在一起时，一己的个性便丧失了。群众成为一体时，比真正只有一个人更易于受周遭风吹草动的影响。比方，原本一句根本无法令人感动的话，却可能让集合在一起的众多听众，因受彼此的影响而笑得人仰马翻。

人类这种动物，要令团体中的一员行动，远比令单独的一人行动来得容易。所谓的群众心理，你应该了解到是多么不可思议的现象了吧！

演说对象若是很少数，就请选择小的会场，这总比在空旷的大会场来得好。而如果人少，又不得不在大会场时，至少要求大家集中到前方，这是开讲前务必要做好的。

此外，听众人数有限，身为演说者的你就不必坚持站在讲台上，应尽可能与听众站在同一层次，如此，所谓的不亲切、冷漠都会一扫而空了。彼此间亲密的交谈，犹如一对一式的会话气氛，这也是十分重要的。

5. 打坏窗子的彭德少尉

不可忘记保持室内空气的新鲜，气氛是相当于发声器官一样重要的东西。古罗马的名演说家西赛罗的雄辩也好、齐格飞歌舞团的少女曼妙舞姿也好，如果会场中充满了污浊的空气，观众必然还是无法兴致高昂地坐着欣赏的。我一向在演讲前对在场听众说："请站起来动动，把窗子打开休息两分钟。"

当年彭德少尉作布鲁克林的传教士毕吉先生的经理时，在14年中走遍了全美和加拿大。顶受欢迎的毕吉大师演讲之前，彭德上校一定都事先做好会场检查，仔细地检视照明、座席、室温、空调等。

或许是一向对部下大声喝斥惯了的军人本色使然，彭德少尉很喜欢施展他的威仪。甚至当场内温度过高、空气太坏、而窗子又打不开的时候，他会干脆把窗子打掉。因为，他深信："对传教士而言，除了神的恩宠外，最重要的就是氧气了。"——确实，听来虽有些荒诞，但事实确是如此。

6. 让面容获得足够的照明

演说，当然不是对群众表演什么神奇的魔术，所以在演讲会场要尽可能地光线亮些比较好。昏暗、阴气沉沉的屋内，想要叫听众的情绪被你带起来，说不定比驯服鹌鹑还难呢！

依据戏剧理论，舞台照明是非常重要的一项，而一般演说者对于适切的照明对自身的重要性却全然不知！

利用照明把你的脸照亮吧！演说时出现在你脸上的那些微妙的变化，正是自我表现的精彩过程，这些表情的变化，具有高于演说内容之上的意义。

站在灯光的正下方，你的脸上会出现阴影！站在灯光的正前方也会产生同样结果。因此，站上演讲台时，请同时检视一下照明位置吧！请选择一个对于你最有利的位置站立，这也是演说的一个小窍门。

7. 演讲台上勿置多余的东西

你可曾注意到你面前的桌子挡住了整个身子？听众可能希望看到说话者全身，因此，甚至有人特意把自己展露出来让人看得到他整个人。

大抵演说的场合，讲台上都会备有方便演说者的水壶和杯子。但是喉咙干渴的时候，与其喝水，倒不如含一点咸柠檬片。

因此（说实在的）那些方便人的小道具实在没有必要。同样，其他任何东西都只会成为讲台上的障碍，应该一并撤除。

请想想看汽车展示会那样的宽广空间。若提及巴黎一流香水店或宝石店的陈设，怎么样都是充满艺术气息的。

这意味着什么呢？那就是只有美丽、整洁的场面，才有令人信赖以及憧憬的价值。

同样道理，演说者应该置身于令人赏心悦目的环境里。理想的状况，是一切器具都不放置，尤其是演说者的背后，千万不要放些会分散注意力的东西。一幅藏青色天鹅绒的布幕则是最好不过的了！

但是现实中往往如何？地图、桌子，更过分的还有堆积着灰尘满布的椅子……结果当然十分明显：廉价、邋遢、杂乱的气氛，连你都被感染了。

请拿开讲台上所有多余的东西！台上的你，应该如在万里无云的晴空下耸立的阿尔卑斯山——要那样清晰地展现在听众眼前。

8. 不要让来宾坐在讲台上

有一次我去拜访加拿大安大略省某市时，在很巧合的机会下出席了该国总理的演说会。演说到一半的当儿，突然该会场的工作人员拿着长竿，一一地去挑开各个窗户。一瞬间，全场听众的注意力，全部从总理身上转移到工作人员身上去了。

要"听众"这种动物不去注意动的东西是不可能的——换言之，即缺乏对这种诱惑的抵抗力。如果不忘记这一点，演说者可以省去许多困扰的场面和不必要的焦虑。

这里有3个范例要注意：

其一，不停地动手指、玩弄自己的衣服，是足以使听众注意力转移的行为，必须慎防。我曾在一次演讲会上，注意到有一个听众，大半时间都盯着那位演说者的手看，这情景至今难忘。当时那演说者一面演说，一面无意识地一直摸着讲桌边缘。

其二，经常有人在演讲开始后才姗姗来迟。因此演说者为了尽量避免听众的注意力分散，事先应在座位的安排上多留意，尽量设法让听众坐在前排，以免分散在场听众的注意力。

其三，请主办者不要安排来宾坐在台上。有一次，一位著名人士在布鲁克林举办一系列的演讲。当时我与其他好几人一起被邀坐到台上，但我以"这样对演说者不好"而拒绝了。等到演讲期间，坐在台上的来宾表现得蠢蠢欲动，很不沉稳的样子，而听众的注意自然受到干扰。于是，我把这事告诉了那位演说者，次日他便做了非常明智的处置，这才省去了许多不必要的顾虑。

9. 坐着也要讲究方法

演说者在开始前就坐在台上似乎不大理想吧！大体上，演说时才登台要比演说前就贸然出现在听众面前要好得多。

但是如果非得预先坐在台上不可时，那么请注意坐的方法。动来动去、东张西望，或是破烂而肮脏的椅子一屁股就坐下来……这种样子要是让观众看到，无论你演说的内容多精彩，只怕其价值也要被大打折扣了。

双脚并拢、背部挺直、全身保持稳定状况，轻松地坐在椅子上，并且恬然而悠闲地等待开始吧！

10. 有关沉着

前面我已说过，玩弄衣服会让听众的注意力转移到说者的手上。这里还有一个理由，显示这种举动的不当。那就是如此的举动正表明了你性格上的软弱及自制力的不足，正好成了你演说的致命伤。

演讲时，保持从容的姿态，好好地控制自己的一举一动，如此自然能获得精神上的安定以及沉着。

对了，可不要一站上台就急着要开口说话，因为那是外行人的行为。首先请深深吸上一口气，再环视一下周围的听众。如果会场有任何喧嚣，且静静地等它停止。然后，挺起胸膛来，当然一下子就摆好姿势也太勉强了，一切视当时自己的状况而定。如此，一旦站到听众面前，就会自然而然地抬头挺胸了。

路沙·格力克在其著作《讲求效率的生活》一书中如此写道："通常能够让自己在人前适意地以最好的一面展示出来的人，十人中难得有一人。因此，请把颈子贴紧你的衣领，抬头挺胸地走出来吧！"

　　然后，他又说："尽可能缓慢地、用力地吸气，吸满后，暂停呼吸，再缓缓吐出。如此，即使你做得太过分了些，但一点儿也不为害。这体操的目的是要扩展你的心胸。"

　　那么，两只手呢？最好忘了它们的存在，让它自然地下垂，就当它是两串香蕉垂挂在那儿，什么也不要去多想。谁也不会看见你的手的，请相信，轻松的样子最为理想。但如果你是有些神经质，而双手放在身后、插在口袋中或是靠在讲台上，可以减少你那不安的情绪，那么就那样做也无妨。

　　我曾听过几位当代名演说家的演讲，有时也看到有人把手插入口袋中；然而并不影响到其演说的价值与成功。因此，只要说者头脑清晰、热情洋溢，手足如何安排都可以，不必太过神经质。

11. 手势——一种身体的语言

　　说到这里，下面我想来谈谈"手势"这个问题。最初指导我演说的是某大学的校长，最先的课程就是以手势为主题的。但是这所谓的"手势"之处理，非但没有必要，甚至还有害！

　　我所接受的教导是这样的："双手顺着双肩自然下垂，手正面稍向后方轻轻握着，大拇指要微靠在双腿外侧。"接下来"做出优雅的曲线来，提起手，以古典的味道摇动你的手腕，然后提起的手依食指、中指到最后小拇指的次序依次打开。"

嘿！试看看这样的体操，或者可说是仪式，你就知道有多么不自然、多么愚蠢了！事实上，这样的动作实在很矫饰，所有机敏的感觉，或率直的感觉全都丧失了，可是我最初就是受这样的训练。

所谓"由手势中表现出我的个性"，是不可能的，连"我想自然地处理我的手势"的意识也不允许。——轻松、完全自发地运作自己的身体，像平时一样的举动，为什么就没有人这么教我！

有关处理手势的书非常多，可是所用的纸墨十之八九都被浪费了；一如刚刚提到的公式化动作。手势这样东西，实在应该由你自己身上、由你的心里、由你的思考中、由你对你所谈主题深入的程度、由你对他人所要启示的……总括一句，应该由你发自内心自然产生出来的。

有价值的手势，只会发生在自然而然的冲动中。

手势就好比燕尾服，并不是凭着想象而附着在身上的。笑也好、痛苦也好或者亲吻也好、晕船也好，外在的表现不过是内在状况的自然显露。所以那必是极富个性的，每一个人都有不同的表达方式，自然的手势也是非常个人化的。

对两个人传授全然相同的手势是毫无意义的。因为演说毕竟不同于公式化的舞姿。例如，像林肯那样慢慢思考事物、对什么都无所谓的人，以及那些说话快、容易激动、十分干练的像道格拉斯议员那样的人，要这两种人作同样的手势，将会闹出怎样滑稽的笑话来呢？

手势的规则，我是无法传授给各位的，因为这完全要依说者的气质、传达情意的方式、演讲主题、听众、当时状况、事前事后的状况等等因素来决定。

这里有几个一般认为对手势表达有帮助的要点，让我来介绍给各位吧。

首先，请勿反复看来单调而乏味的动作；请勿把你的手势只从肘部作起，免得显出笨拙及可笑；由肩部起全手操作的手势似乎更有力而好看；且不要骤然结束你的姿势，像是为了强调什么而伸出食指时，就持续那动作直到那句子结束。

但是，最重要的还是："只采取最自然的手势"，如果在练习时，虽然勉强但还是加入手势练习吧，那将成为一种刺激，没多久便在无形中变成自然反应出来的手势了。

请收起你的书——那些教你"做"姿势的书——因为最足以信赖的姿势还是发自你内心的那股冲动，而这些是任何老师都无法传授给你的。

有关手势，只要记住下面的话便足够了：任何人，只要自己有什么非说不可的话，极想要将它传达给对方时，自然而然会随着内心的冲动而传达出，并自然地用操作表达出来。那时，他所表达的话语及手势不必经过事前练习、不需修饰指挥便能自然表现得淋漓尽致了。如果你跑到人家面前，举起拳头把他打倒在地，你看他是不是会立刻爬起来，恨不能把你吞下去。当其时，他的一言一行，是多么流利而无可挑剔，而那些却正是我们演讲时的最佳模范！

"装得满满的一桶水，打开木塞之后，里面的水自然会汩汩地流出。"这句话，不正是演说方法的最佳比喻吗？

备忘录

（1）演说胜负的决定不在乎用词如何，而完全在于演说者的态度，与能否发挥他个性的魅力。

（2）疲劳时不要从事演讲。应该要先做充分休息，养精蓄锐，恢复元气。

（3）演讲前最好不要摄食过量。

（4）请勿从事那些会使自己"能源"消减的事。"能源"犹如磁铁，活力充沛的演说者，周围的听众自然向其靠拢。

（5）穿着清爽的服装。自己穿着整齐，便不自觉地产生自尊及自信。对于穿着不当的演说者，听众对其敬重之情自然淡薄。

（6）笑容常驻。站在台上时，要表现出演讲是再美好不过的态度。演说者若关心听众，听众也会对说者抱以关怀。

一般而言，开始演讲时我们已经受到评论了，因此一开始我们就应该用一种能够引发听众热烈反应的方式去面对演讲。

（7）请尽量使听众聚集在一起。任何听众坐在稀稀落落的席次间，都不能把自己完全投入演说中的。只要把听众紧密聚合在一起，"群众心理"便能使人群一同哭、一同笑、一同喝彩、一同点头，而结合成一体了。

（8）人数少的演讲场合，就选择小的会场，宁可那样地聚

109

集听众。此时演说者也不必站上台，不妨就站在地面上演说。那样子，你的演说亲和力会大增，在摩肩接踵中谈笑风生吧！

（9）注意保持会场空气的新鲜。

（10）照明要充足，此外演说者要选择好位置，让光线适切地照在你的脸上，也让听众能清楚地看到你。

（11）讲台后方勿置东西，尽量保持背景的清爽。

（12）注意勿让来宾坐在讲台上，因为他们任何一点动静都足以左右听众的注意，一旦眼中发现有动的物体，便无论如何都想去瞧出个究竟。

第八章

如何开始

我曾经问过西北大学前校长哈洛德博士："一个演说家，长年累积的经验是什么呢？"博士沉吟半晌说道："开头要说些能抓住听众情绪的话。"

　　博士说开头和结尾的一字一句都不能马虎，事先应充分地在脑中思考。凡有常识和经验的人，一定实行这样的原则。那么，初学者如何呢？

　　已故劳斯克里夫公爵，从一个只有微薄周薪的薪水阶级，摇身一变而成为大英帝国最富裕且最有影响力的报业大王，他的成功得力于这句话："预知便是支配未来。"

　　这对于正在准备演讲的你而言是很重要的。在演讲结束后，若已说了什么无法挽回的话，会变成怎样呢？会给听众留下怎样的印象呢？在准备演讲时，你就应该预想到这一切了。

　　从亚里士多德的时代起，演讲就被认为是由"序论"——"本论"——"结论"3部分构成的。

　　但是，近几十年来，由于时代的演变，一切都科技化，人们讲求的是速度。因此，如果你现在仍想用一段序论的话，那你非把它预备得十分精要不可；因为现代人非亚里士多德时代的听众可比，他们有的是急躁的脾气——"你有什么话要说？好吧，那就快说吧！"因此，把你的要点讲完就归座，不要多说一个字的废话。

美国第 28 任的威尔逊总统，当年在议会演说关于潜水艇战最后通牒的重大问题时，仅仅 34 字就立刻抓住了所有听众的耳目："我国在外交上发生了严重的事。将那件事坦白地传达给各位，是我责无旁贷的义务。"

钢铁大王的助手查尔斯·古柏在纽约的宾夕法尼亚俱乐部演讲时，这位演讲的名手，在他的第二个句子，就已牢牢地抓住了听众的心。他说："今天我国人民最注意的事大概是经济的不景气，这到底意味着什么呢？明天又会演变成怎么样呢？——我看，非常乐观。"

但是，对于初次登台演说的人来说，用这样简洁有力的句子作为演讲的开头，是相当困难的。我来介绍两个没有受过说话训练的人说话的方法给你看看：

1. 避免勉强"制造"幽默

一个初次登台演说的人，常常以为他应该像一个演说家那样带有幽默感。但是，他平时言行也许严肃得像百科全书一样。然而，当他一站在讲台上，便好像幽默家马克·吐温的精神传给了他似的，一开始就很想讲一则幽默故事，尤其是在饭后举行演讲更易发生这种情形。结果，他自鸣得意的作风，反使听众感觉像读字典一样乏味，他的故事，根本不曾引起人家的兴趣。

　　一个舞台上的演员如果对观众说了几则自以为幽默，而实际上很乏味的故事时，会立刻被喝倒彩，甚至驱逐下台。当然，演讲台下的听众，是要文雅得多，他们比较有同情心，但是他们虽然受同情心驱使，而表面上勉强克制着不对演讲者发出笑声，心里却不禁在可怜着他的失败。也许诸位读者，还未见过像这样有趣的场面，但是我已看过许多次了。

　　在整个演说中，没有比引起听众高兴地发笑更为困难了。幽默是一种十分微妙的事，和一个人的个性有着密不可分的关系。有的人生来就有这种天才，但有的人却没有。一个没有幽默天才的人，如果勉强装出幽默，正和一个蓝眼睛的人想把他的眼睛改成黑色一般不可能。

　　你要记着，一个故事的趣味，很少含在故事本身里，之所以能够成为有趣，完全得看讲故事的人是怎么个说法。100个人同讲一个马克·吐温的故事，中间就有99个人是要失败的。据说当年林肯在伊利诺伊州第八司法区的旅馆中讲了几则故事，引得人们跑了几英里路来听，坐了一整夜而不倦；甚至有目击者说，时常有人笑到从椅子上跌下来。

　　如果你确知自己具有幽默天才，那么你就应该努力培养你的这份才华，使你无论走到什么地方，都能备受欢迎。但是，如果你的天才不属于这方面，那么你硬要去求幽默，反而是"东施效颦"，弄巧成拙了。

序论中的所谓幽默，要和演讲内容有关联，就像是提供一些问题的具体说明似的。幽默就好像装饰蛋糕的奶油，却绝对不是蛋糕本身，所以只能巧妙地装饰其间。

那么，演讲的开始就一定要沉甸甸而且很严肃的吗？当然不是！如果可能的话，不妨谈一些涉及当时当地又使人发笑的事；或引用别的演说家说过的话；也可以夸大其词地去批评一些不合理的事。这样的幽默，比起引用平常那些引人发笑的事，有较多的成功机会。

接下去介绍的是英国作家吉卡林格在英国举行的政治演讲开头的一部分，请注意他的幽默。他以自身的体验代替现成的小故事等等作为材料，他有趣地叙说那种不平衡的配合，来引发听众的笑声：

我在年轻的时候，一向住在印度，我常常替一家报馆采访刑事新闻。这工作是非常有趣的，因为它可以使我有机会去认识一些伪造货币者和窃盗、杀人犯，以及这一类富有冒险精神的天才（听众大笑）。在我采访到他们被审判的情形后，有时还要到监狱里去，拜访一下我们那些正在受罪的朋友（听众又发笑）。我记得，有一位因为杀人而被判无期徒刑的人，是一位绝顶聪明而善于说话的青年，他告诉我，他认为他一生中最重要的话是："我觉得一个人一失足跌入罪恶的深渊里，他一定要从此为非作歹不止，最后他竟以为只有把别人都挤到邪路里去，才可表现自己的正直。"（听众大笑）这句话也正是现在内阁的妙喻了（听众的笑声和鼓掌声哗然并作）。

再举一个例子给各位，这是一段美国第 27 任总统塔伏特，为大都会人寿保险各高级主管演讲中的一段。请看他如何以他的幽默，巧妙而切实地获得听众的赞同：

大都会人寿保险董事长以及各位同仁：大约 9 个月前，我在家乡听到一位绅士所作的餐后致词。席间他一再表示自己对致词感到不安等等的话，但他却说了这样的话："我曾向演说经验丰富的朋友求教，他告诉我：'餐桌致词中最佳的听众，是要有高等的知性水平、学养丰富，而且已经醉了一半。'"（笑声、鼓掌声……）嗯，我想我必须这么说：今天在座各位正是餐桌致词上所说的最佳听众。当然，各位并没有醉了一半，但我想各位具有足以补足这点而有余的东西（鼓掌）。那是什么呢？我认为，那就是大都会人寿保险的 Spirit。（Spirit 除了有"精神"的意思，也可作"酒"解释。全场喝彩声不绝于耳……）

2. 勿以道歉来作为开场白

初学者在演讲一开始，最容易犯的错误就是，用道歉来做开场白："我笨嘴笨舌……准备也不充分……也没有什么特殊的看法……"等等。

请不要采用这种说话方式。这种话只会使听众内心产生一种想法:"既然这样的话,还有什么好说的!"

如果真的自己没有充分准备,这样一说岂不正向那些尚未识破你底细的听众明白宣告:"我没有准备好吗?"

你会认为那样的说法是一种谦虚的美德吗?其实这种说法和"今天来的听众也不会听我精心准备的演讲,索性拿现成的旧材料充充数吧!"同样是对听众的一种侮辱。听众绝不是为了听你的道歉而来的,他们是为了听取知性或意味深远的话,而专程赶来的。

听众站在你面前时,至少有5秒是全神贯注地注视着你的。但是,这种注视不会持续太久。如果你轻易放弃了这样的注视,想再挽回,得费双倍的工夫。因此,开场白的内容非常重要,接下去第二、第三回的起始内容反而都不太重要了!

那么,怎么开场才好呢?这实在是个难题,必须从各个角度来探讨,得从自身、要点、题目、旨趣等各要素着手整理归纳才行。本章接下来所述及的几个启示,或许对你多少有所帮助。

3. 先引起听众的好奇心

请看下面郝维鲁·希利在费城的某俱乐部所作的演讲开场部分。你认为如何?看了下面的内容或许能提高你的兴趣吧!

82年前,大约正是像现在这时候,伦敦有一本小书出版了。

这本书其后成为旷世不朽的名著，在当时就已确定了它不朽的生命。很多人称它为："世界最伟大的一本小说。"该书初上市时，伦敦街头的人们见面时都会这样问道："那本书，你读了没？""当然读了，那作者实在是个奇才！"这书出版的当天即卖了1000本，之后半个月内卖了15000本。然后不知再版了多少回，有世界各国的译本。数年前，美国大富豪Ｊ.Ｐ.摩根以巨款买下这本书的原稿。并且将此原稿收入他位于纽约，名叫"我的书斋"的一幢雄伟的美术馆陈列室中，与其他所有珍贵的收藏品一同陈列。说到这里，这本闻名全球的小书到底叫什么名字？那就是狄更斯的《耶诞赞歌》。

这样的开场白如何？它成功的最大因素就是：引起了你的注意，然后随着说话内容的进展，引发了你："咦！他说这话到底有何用意？"的好奇心。

"好奇心！"世上能有不好奇的人吗？不！不止人类是这样。

有时我在森林中行走，会有鸟类连续好几个钟头不断在我头上盘桓，这必然也是鸟类的好奇心所使然。我认识的一位狩猎家，说他在阿尔卑斯山上，利用裹着的被单在地上往返摩擦，来引发夏糜（Shammy，南欧及西南亚一带的羚羊）的好奇，好使它们接近自己。狗、猫也会受好奇心驱使，经常对着奇怪的东西看个不停。

因此，你也要用演讲开始的第一句话引起听众的好奇心。如此，听众必然会津津有味地听进你接下来说的每一句话。

如果要谈"阿拉伯的劳伦斯"时，我会以下面的话为开始——

前英国首相路易·乔治说过这样的话："我认为劳伦斯上校才是最浪漫、最耀眼的人物。"

这样的开场白有两项优点：其一，引用名人的话，非常能够吸引听众的关心；其二，可以引发他们的好奇心："为什么说他浪漫？"或者"为什么耀眼？"这样的疑问一个接一个地出现，然后便想着："我还没听过劳伦斯这个人的事迹呢，到底是个什么样的人物？"

同样是劳伦斯的话题，换成托马斯会这样开口："有一次我走在耶路撒冷的基督大道上，迎面而来一位穿着东方皇帝般华丽服饰的男子，他腰间佩着只有穆罕默德子孙才有的那种三日月型金刀。但是这个男子长得一点儿也不像阿拉伯人，他有着一对蓝眼珠。若是阿拉伯人，眼珠应该是黑色或茶色的才对……"

这也是一种很能引起好奇心的说法。因为听众会产生一连串的疑问："那男子是谁？""为什么打扮成阿拉伯人？""那后来又如何？"……

"相信大家都知道世界上至今仍有奴隶的国家，还有 17 个之多吧？……"

这样的开头，不但引起了听众的好奇心，简直就是给了他们一个震撼。和人说话时，像这样先把结论引出来，使想听原委的听众大发好奇心的例子很多。还有一位受训者使用了下述冲击性强的话题作开场："最近参议院开会时，一位议员从容不迫地走上台去，劈头便道：'本州岛不制定一条法律，禁止校区两英里内的蝌蚪变成青蛙吗？'"

听到这话的人大概都会失声大笑吧——"这是什么玩笑！""笑死人了！"……在这些反应后，这位受训者便继续说下去："是这样的……"

这种技巧并不限于演讲，构思巧妙的小说家或是开头第一行就要引起读者关心的专栏作家，我想都可以从他们高明的写作技巧上觅得。与其翻遍所有有关演讲的书，还不如读一读报章杂志上的新闻，那对如何处理演说起头的帮助更大。

4. 引述具体的例子作为演说的开始

对一般听众而言，抽象话听的时间太长是种折磨。比较起来，如果能举出具体的例子，一定可让人听得很痛快，或是将话题用故事的方式表达也很理想。人们总爱侧耳倾听他人的经验谈，当你一说到"有这么一件事"、"有这样一个人"时，节奏必然变得轻快，而听者也跟着留意起你要说什么。

请改变演讲的开场一定得说些一般性的话之习惯，请尽量提出具体的话题，而将一般论点和抽象论点置于其后，如此才能一上台就引起听众的兴趣。

5. 援用实物给听众看的方法

集中听众注意力最简单的方法，还是诉诸视觉吧！随便什么东西都可以，试着手中高举一样东西看看，无论人或动物，都会受到这样的刺激而倾注自己的注意力。这种手法对任何听众都有效。

某人试过这样的方法：一开始演讲，手指就捏着一枚硬币，高高地举在头上，听众便注视着那手指。于是他开口说："在座各位当中，可有哪位拾得这种东西？如果有，那么这位来宾就是最幸运的，他可以在现在这个开发区，免费获得一块土地，只要把这个东西交出来即可……"说过这段话后，他就提出一个问题，请听众帮他思索，然后就对类似这样的各种诈欺事件，展开严厉的抨击。

6. 提出问题

前述例子里，还有一项优点，那就是向听众提出了一个疑问，让他们与说者一同思考使说者得以缓和情绪，并帮助听者来共同面对问题。

这种问答方式不但简单，更可使场面气氛轻松，使听众敞开胸怀。如果其他方法行不通时，你不妨常常利用它。

7. 借用名人的话来提出问题

只要是名人的话，就一定具有吸引力。因此，若能适当地运用，必可炒热一个话题。猜猜看下面所要介绍的，有关"成功的商业"之开场如何？

著名心理学家哈巴德说："全世界只对一件事物肯用金钱与名誉来大力褒扬它。"接着他又说："这事是什么呢？就是'主动精神'。所谓主动精神，就是在别人之前去做某事，也就是不等待别人催促便去做事的精神。"

作为开端的短句子，有其重要的特色：最开始的句子，首先引起了好奇心，具有推动听者一步一步向前迈进的力量。

"名"心理学家……这个"有名"的名字，如果在适当的时机由口中冒出，想必听众更要侧耳倾听了。

第二个句子便要将听者引入主题中。

然后第三句，是一个疑问，这里便把听众导入思考中，这种促使听众亲自去思考的方法是非常有效果的。

第四句时，便下了"主动精神"的定义。

这是开场白的一段，说者具体地说明了"主动精神"，并展开了引发诙谐性、关怀的内容，实在是构思巧妙。

8. 听众最关心的是什么

就听众自身最关心的事，直接作为演说的开端，是最佳的开场白。这是大家都知道；但若说到其实际活用时，可就不那么简单了。以下是某受训者关于森林保护之切要讲演。他是如此开场的："我们美国人，应以国家丰富的资源为傲。"然后他又说："我们美国人应感到羞耻的事，是以极快的速度在浪费森林资源。"未免失之含糊空洞了，欠缺使听者认知其主题和我们有着多么重大的关系。

当时在座的群众中有印刷业者，对他来说，森林的破坏是有切身关系的。另外还有银行职员，如果森林破坏影响到了国家的繁荣，那对金融界不见得不会涉及到。

如果朝这个方向发展，这样的一个主题可说是与每个听者都大有关系的。因此，演讲若从这里着手就对了：

"现在我所要谈的题目，××先生，与您的印刷事业大有关系！××先生，这与您的银行也有关系呢！事实上，这个问题和物价及我们正在支付的房租都脱离不了关系……不！应该说这是与全人类幸福、繁荣都有关系的问题……"

这样的方式绝不是夸张，只是一种技巧罢了。

9. 以"语不惊人死不休"来吸引注意力

杂志先驱 S．麦克劳尔这样说过："好的杂志报道，就是一连串的震撼！"

震撼！可以使我们从醉梦中惊醒。

费城"乐天俱乐部"老板哈里•琴波有关"犯罪"的演说中，一开头便"语不惊人死不休"地说：

美国人是世上最恶劣的犯罪集团。这么说，想必令诸位惊讶不已，然而，这却是千真万确的事实。在俄亥俄州的克里布兰多市，有着高出伦敦 6 倍的杀人犯；若比较盗贼的数目，则比伦敦多 170 倍。每年在克里布兰多市中，被偷、被窃、被袭击的被害人数，远超过英国全国同样被害者的人数。此外，圣保罗市每年被杀害的人数，也超过英格兰及韦尔斯的被害者人数。乃至于纽约杀人案件的数量也高于法国、德国、意大利、英国等国。

可悲的是犯人们在这个国家并未受到应有的惩罚。换句话说，在这个国家，以一个爱好和平的市民来说，因罹患癌症死的概率，比您因射杀某人而被判死刑的概率，还要高出十倍之多！

虽是耸人听闻的内容，但是作为演讲的开端却极为成功，那是因为演说者在自己的措辞中，注入了力量与诚意。所以这些词句是有生命、有气息的。

令人惊骇的内容之中，必须要包含适切的活力，如果只是文字的堆砌，便无法产生像上例那样动人的力量了。

10. 用偶发事件来穿针引线

您认为这样的开头如何呢？

"昨天，当我所乘坐的火车通过离当地不远的城镇时，我想起两三年前在这个城镇举行过的某个婚礼的种种。"

说这段话的人，是要举出未成年者婚姻失败的例子，并述说此种婚姻是多么不宜。这是美国尚未明令禁止年幼者结婚时候的事。

我认为这种开头方式非常好。最前面一句话，预先道出了一段兴味盎然的回忆，引发了听者想更进一步聆听的兴趣。这段开头没有丝毫的做作，很自然地要引起热烈的回响。

精致且过度矫饰的谈话内容，容易令听众敏感地察觉而排斥。所以，隐藏技巧的技巧也很重要。

备忘录

（1）演说的开头非常困难却又极为重要。此时听众的感觉不但很新鲜，对任何事也都容易产生印象。如果认为顺其自然就好，那是很危险的。还是应该在事前做好充分的准备。

（2）开头要整理得简洁流畅，并导入主题。

（3）没有经验的人，常常会想说些幽默的话题让听众笑，或者说些道歉的话，这不能令人赞同。能够很技巧地穿插些幽默的话，这是一项才能，对普通人来说有些困难，很容易陷入非但不能讨好听众反而令听众迷惑的困境。而不管任何话题，至少都要与题目有直接关系才可以，如果理由只是为了有趣，那是不行的。因为幽默是装饰蛋糕的奶油，而不是蛋糕本身。此外，近似道歉的台词也不太好，例如"我不擅言辞……"等，这对听众而言无异于一种侮辱，会令他们感到很扫兴的。

（4）提早集中听众的注意力有几项要点：

引发其好奇心。

以"经验谈"等深入听众的心坎。

列举具体的例子。

利用实物。

提出问题。

引用名人的名言。

说明演讲的内容与听众的利害有关。

语不惊人死不休。

（5）不要以艰深的言辞或空泛的理论来作为说话的开始。要若无其事地、慢慢地给予听众自然的印象。要让听众感觉是以刚刚所发生的事作为话题（例："昨天，我所搭乘的火车通过某个城镇时，我想起了某件事情……"像这样若无其事的开端）。

第九章

如何结束

演讲的开始与结尾，是最能表现出其巧拙的部分。即使在演剧界也常听人说："从进出舞台的方式，可以看出该演员的优劣。"和这个是同样的道理。

开端和结尾，不论任何事情，若想技巧高明地顺利完成，最初和最后均疏忽不得。

结尾好的话，整体都好——在演讲的场合，结束话题的方法也要格外注意，因为最后所说的一句话，将长驻听讲者的耳朵里。然而，初试者似乎不太了解此重要性，所以往往用不动人的方法来终结演讲。

例如，像这样的说词："关于这个问题，我所能奉告的只有以上这些。因此，容我就此结束此演讲。"这不能算是结束方法，即使再外行的人，也不该用这种不能原谅的方法。如果所有该说的话都说完了，那么此时的你就应该快速鞠躬下台，留给听众自己回味的空间及权利。

一旦话题开始之后，就不知该如何结束的人，总是在原地打转，虽然很想及早结束话题，但是越焦急便离终点越遥远，最后终于陷入只能留予听众坏印象的困境。

因此，事前一定先考虑好结束话题的方法。站在听众面前，尽全力讲演的当时——也就是在自己全神贯注的时候——才来考虑结尾方式，你能说这是聪明的办法吗？

即使是被称为卓越演说家，能流利自在地遣词用句的人，也要预先想好结尾的词句，乃至一字不漏地背诵下来。越是缺乏经验的人，越需要学习这个项目，然后应该反复地练习。

此外，太相近的措辞也要避免重复使用，在表达方面请多下点工夫。在即席演讲的时候，因为经常要依听众的反应而调整演讲内容，所以预先想好两三个结尾比较妥当。

在讲演当中，有人会随便地横讲开去，最后就像没了汽油的引擎般狼狈挣扎，即使站再久也无法终结演讲，在几度被迫尝试突破之后，仍会突然中断，没了下文。像这种类型的人，当然更需要做万无一失的准备练习。如果用引擎作比喻，则需要更充足的汽油。

新手最容易犯的是唐突的结束方式。这些人的结尾既缺乏平稳，也没有润饰的过程，就毫无预兆地突然结束演讲。这样只会给听众带来不愉快的感觉；就好比原本很亲切地和你聊天的对手，突然中止谈话，一声不响地跑出室外而不知去向一样。

当年，林肯在就任第一次总统所草拟的演说词，也犯了这种错误。这篇演说是在政治情势紧张的时期发表的（在发表仅仅一个月之后，便发生了大暴动），那时候以南方的国民为对象的林肯，原本打算如此结束演讲：

"掌握南北战争关键的，并不是我，而是在于心中充满不满的诸位同胞的手中。政府是绝不会攻击你们的。你们虽然不曾立下一定要推翻政府的誓言，我却有一种神圣责任，要决心保护政府和扶助政府。在你们没有立誓不破坏政府之前，我绝不会畏缩而不去卫护政府。'战争？和平？'这个严重的问题，完全操在你们的手中！"

林肯拿这篇演说稿交给国务卿西华德看。西华德指出这结束太鲁莽一些，易于激怒听众，因此他拟了两篇，林肯接受其中的一篇，略加修改，然后发表。结果他就任第一次大总统的演说，充满了优美的诗意而达到了友善的顶点，不再有惹人怨怒的唐突了。那结尾是："我们是朋友而不是仇敌。虽然我们的情绪，有时候相当紧张；但我们的友情，却不能因之而破裂，我们绝对不应该成为仇敌的。神秘的音弦，将奏出全国统一的乐章，通过每一个战场，烈士的坟墓，到广大地域的生灵和家园里。"

初学演说的人，怎样把自己的情绪，很恰当地用在演说的结尾呢？这是没有机械性规则的，它和一个人的修养一样微妙得很。它完全是一种感觉，但这种感觉是可以养成的，就是多多学习一般大演说家所用过的方法。

下面有一个很好的例子，是韦尔斯亲王在加拿大帝国俱乐部演说的结尾："诸位，恐怕我说的离题太远了，并且关于我自己的话也讲得太多了。但是，我今天能和诸位说出了我自己的地位和责任，真是十分荣幸。我可以向诸位担保，我一定尽我的力量去完成我重大的责任，决不辜负诸位诚恳的信托。"

这一段话，即使一位瞎子听了，也会立刻知道他的演说已经结束，而不像一缕游丝似的仍在空中摇曳。真可说是圆满异常！

现在，让我来介绍可以算是模范中的模范——林肯总统演说的结尾部分。这是他连任总统时的就任演说，末尾光明正大的语句，其稳重令人觉得像管风琴的美妙音色，已故的牛津大学校长克鲁逊伯爵就评论为："这是人类的光荣与珍宝……是人类神圣的雄辩之纯金。"

下面就来摘录林肯的演说——

"我们衷心祈求战争的大悲剧及早远离我们的世界而去。但是，如果持续战争是神的旨意，我们人类一定要说：'神的判断是绝对真实且公平的。'对任何人都要慈悲而不要怀恨。一旦被赋予了可以透视正义的慧眼，我们是否应该毅然地贯彻正义的立场，并亲自完成这项工作？我们是否应该伸出双手，医治国家的创伤——纪念战死的烈士，以及因战争而造成的孤儿寡妇，以达人与人之间永久的和平？"

我认为这项演说是人类有史以来最精彩的演说。演说的记录虽然不计其数，但是像这段充满仁爱人道主义光辉的演说，除此之外我还不曾见过。

威廉·巴登在《林肯的一生》中说："林肯首次就任的演说确实伟大。但是，他连任总统的第二次就任演说，比那次还更伟大。那是林肯一生中最感人的演说，可说是将他的智慧及精神力量发挥到极限。"像卡尔·凯斯这样的政治家也评论道：

"这项演说的终结部分，无异于圣诗。美国历来的总统，从未对美国民众讲过这样的话。"

对诸位而言，或许不会像林肯一样得到发表不朽演说的机会，但你不妨认真地去思量那些对你有帮助的要领。

1. 精简想说的话

纵然只是三五分钟的演讲，演说者往往会恣意地扩大话题。结果，即使讲到了结尾的部分，听众也经常会全然抓不住重点。然而，几乎没有人注意到这一点。那是因为说话的人将想说的话，全部都记在脑海里，而错认听话的人也应该能够了解。其实，那是毫无道理的误解。

即使是说话者反复练习的词句，对听众而言仍然是初次耳闻。如果将这些词句一段接一段地东拉西扯，听众会觉得杂乱无章而不知所云，而几乎完全无法了解。

"首先，告诉听众即将开始演讲，其次开始演讲，最后通知听众演讲已结束。"——据说这是爱尔兰某政治家所说的话。到底是名言，能一针见血地说出要点。

"各位，关于防险栅栏的设置，据东部、西部、北部各区域的使用经验，可以作为防止事故的对策，而且从一年中所节省的经费实绩来看，我们坚信我们南部也应该即刻设置同样的装置，并奉劝各位同意我的看法。"

这是芝加哥某铁路公司的运输部长所做的演讲，仅仅只听最后一段，就能了解全部的意思，因为短短的这几行字，简略地概括了他所想表达的话。请各位一定要活用这项讨好的技巧。

2. 怎样使听众实行你的结论

南部运输部长的演说，是请听众依他的结论去实行的一个最好的例子。他演说的唯一目的，是在铁路线上设置防险栅栏。他现在以节省大量金钱和使不幸事件减少的理由向听众吁请，也无非是希望他的主张能够实现。因此他在议席上这样发言之后，获得了多数人的同意，目的达到了。

3. 简短且衷心地道出褒奖的词句

"要加速伟大的宾夕法尼亚州新时代的到来，要努力领先其他各州。宾夕法尼亚州是钢铁的生产重镇，是世界最大铁路公司的发祥地，也是美利坚合众国的第三大农业州。换句话说，是我国的商业中心。像现今这样，宾州的前途无限，其获得推动美国进步的主导地位，是指日可待的。"

钢铁大王安德鲁·卡耐基最得力的助手史考伯如上地结束他的演讲。宾州的听众们其兴高采烈是不难想象的。

那实在是令人佩服的结尾方式。但是，如果没有诚意，便会成为肉麻的奉承。所以，不能随便地说些夸大的话，因为不真切的词句，只不过是虚伪文句的堆砌罢了，就像是伪造的硬币谁都拒绝接受一样。

4. 以幽默的语句结束演讲

某剧作家曾经说过："你必须使'再见'出现在听众的微笑中。"也就是说，这种结局都是可喜的。但要怎么做才能达到这个理想呢？这是相当重要的问题，值得你去斟酌。

英国前首相路易·乔治对一群公理会的教徒演说关于"约翰·维斯莱坟墓"的严重问题，谁都不敢期望在末了时他会使听众发笑。然而，他竟轻易地做到了。

我们且看他是怎样做的：

"你们大家都动手修理他的坟墓，这令我十分高兴。这一座坟墓，是应该受尊敬的，他是一位有洁癖的人，他曾说过：'永远不要叫谁见到一位衣衫褴褛的公理教徒。'由于他这个主张，所以至今诸君永不再见到衣衫褴褛的人（笑声），如果你们让他的坟墓倾颓，岂不是太不像话了吗？他曾走过一家人家的门口，门内跑出一位少女，向他喊着'维斯莱先生，上帝保佑你。'大师的回答是：'年轻的女郎，要是你的脸蛋儿和衣裙清洁些，那你的祝福当更有价值了（笑声）。'这就是他厌恶不整洁的一种表示，所以我们也不能让他的坟墓不整洁。倘使他的灵魂在这里经过，见到了不整洁的坟墓，那将比任何事情都更令他伤心的。这是一座值得纪念而令人崇敬的圣墓，你们必须要好好加以看护，这是你们的责任啊！"

5. 引用诗文名做结尾

演说的结尾，如果做得恰当，是最容易讨好的。其中最理想的莫过于用幽默的引用名句及诗文名句了。而以适当的诗文名句来结束，最能显示你的高尚和清逸。

英国扶轮社的亨利·伍德爵士，在爱丁堡大会席上对美国扶轮社的代表演说，演说词的结尾是：

你们回去之后，就会寄给我一张明信片的。即使你们不寄的话，我也有必要给你们每位寄一张，而且你们很容易猜到是我寄的，因为上面没贴邮票（众笑声）。我将在上面写着：

季节自来自去

万物按时凋零

唯有那——我对你们的深情，永远像鲜花般的艳丽芬芳。

这一首诗极合伍德的个性，而且也极贴合他全篇演说的旨趣。但如果一篇严肃的演说的结尾，由一个严肃的人来引用这首诗，那也许会弄得气氛不对，且极可笑。我讲演说术的年数越多，越觉得一般制定的法则"想出各种情形，都能适用"，是完全不可能的。大半还得看事情、时候、地方以及听众的情形而变更，大家都应该像圣保罗所说"各自去想救出自己的办法"才好。

这是在纽约所发生的事情。在为某人举行饯别会时，列席的十多人以临别赠言，祝福那即将动身远去的人活跃于新的环境。其中只有一人以动人的言词来终结赠词，那个人是引用某首诗，真情洋溢，甚至令人感动得流泪。内容是这样的：

再会了，祝你幸福！所有你期待的愿望，我都将为你祈祷。

我学习遥远的东方人

把我的手放在胸前为你祈祷——

愿阿拉的祝福降临你身

不管你从何处来

不论你往何处去

愿阿拉崇高的伟业

来日包围在你四周

不管是工作的白昼

不论是休憩的夜晚

愿阿拉的爱永远祝福着你

我学习东方国度的人们

把我的手放在胸前为你祈祷——

愿阿拉的和平与你同在

位于布鲁克林 Ｌ．Ａ．Ｄ 汽车公司的阿伯德副总裁，曾对员工以"精诚团结"为题发表演说，其结尾部分也是引用诗句。那是引自纪卜林的《热带丛林 Ⅱ》：

这才是丛林法则

如天空般的真实

护守法则的狼得以繁衍

破坏法则者则归于灭亡

如攀爬在树上的长春藤

丛林法则不断地传布蔓延

狼群的力量就是每只狼的力量

因为狼的力量已化为狼群的力量

　　如果您也想在结尾引用适当的诗句以作为演讲的压轴，你可以参考图书馆中《实用诗词名句集》之类的书籍；此外，《圣经》中的文句也很有帮助；或者请教有经验的人也可以。

6. 所谓的高潮

　　谁都希望自己的演讲高潮迭起。实际上，是否真能很巧妙地运用？那是非常困难的事；相反，若是能做得很好，则没有比那更完美的了。

　　不愧是大演说家林肯，他也很擅长制造高潮。在一席关于尼加拉瀑布的演讲中，用了许多衬托，随着内容的演进，其对比也随之加强。希望各位能注意并学习他的手法——在说明尼加拉瀑布的古老时，引用哥伦布、基督、摩西、亚当等作为衬托，进而使说服力渐次加强：

> 尼加拉瀑布使得无限的往事，又再度地呈现于我们面前。如：哥伦布发现我们美洲大陆的时代、基督在十字架上痛苦地挣扎的那一天，摩西率领着犹太人横渡红海的时候，甚至亚当从创造主的手中诞生的时候，尼加拉瀑布就一直像今天这样滔滔地响在这片大地之上。在美洲大陆的地底深处，被埋着的上古时代恐龙的眼睛，也曾经像我们现在一样凝望着尼加拉瀑布。它与人类最古老的种族并存在同一时代，甚至远在人类诞生之前它就已经高挂在那里了；然而，今日的尼加拉瀑布仍然和一万年前一样充沛有力，并且鲜活如昔；而毛象等上古时代的生物，如今只剩下巨大的残骸以证明它曾经存在的事实罢了！那些生物所眺望过的尼加拉瀑布，依旧源远流长至今，既不干涸亦不冻结，既不睡眠亦不休息，永远是在怒吼、在奔流。

7. 在适当的地方放上句点

一定要练习并努力地探求演讲的适当开场白与结语。如果发现了，就要尽快练习，然后更加简洁地整理过滤。

为了顺应这忙碌、繁忙的时代潮流，演讲的内容也有必要整理得更精简，若是丝毫未经整理，想长篇大论、杂乱无章地演讲的人，只会带来被唾弃的后果。

你必须努力搜寻好几种演说的开头和结尾，而自其中选择最妥善的拿出来应用。

如果演说者没有精简、缩短演说的能力，他不但不会受人欢迎，而且，有时候还要使人讨厌。

像保罗那样的圣人，在这方面也不免出错。有一次，他在讲道时，一个青年，名叫尤迪基思的，因为对他的演说不感兴趣，倦极入睡竟被挤出窗外，身受重伤。

还有一位医生，某晚在布鲁克林市的大学俱乐部演说，本来就已是一个时间漫长的宴会，到他演说时，更是凌晨两点了。如果他识相一些，就应该三言两语地快快说完，使听众可以早些回家。然而，他却用了 45 分钟的长时间，发表一篇反对用活的人体来解剖的激烈演说。当他才讲到一半，听众们就希望他像尤迪基思一样被挤出窗外去跌伤。大家只希望他快快结束讲演。

我的朋友罗慕在他担任某报社总编辑的时候，曾经这样对我说过：

"我们报社的长篇连载，在最受欢迎、读者热切盼望下文的时候，便即刻结束该连载。"我问他为什么，他回答道："饱和点通常紧接着巅峰之后而来。"同样的道理，不也可以运用在演讲之上吗？在听众希望话题继续延续的时候，尽快终结演讲。

耶稣最伟大的演说"登宝山训"，只要 5 分钟就能背诵一遍。林肯在盖茨堡的演说也不到 10 分钟。"短！短！"这是我想对各位大声呼吁的。记载非洲未开化民族之生活文化的强森博士，在非洲的原始部落住了 49 年，虽然很详细地观察他们的生活，但是在他的著作里却简短地写着"如果有人在部落的集会中说了太多的话，大家会开口大叫：'伊美多夏！''伊美多夏！'好让他停止说话，那是'已经说太长了！''可以停止了！'的意思。"

据说有一种民族，他们有一种只准在单脚站立的情况下才可以说话的习惯。缩起来的脚，只要脚尖一碰到地面，就表示"我已经说完了"的意思。这类的习惯，似乎比先进国家更进步。

不仅是非洲，所有的听众也都不喜欢冗长的演讲。就让我依照在这一章所提到过的诗的引用，来作为这一章的结束：

因此，要从那儿获得警惕，然而，又要比他们更应该学到演讲之道。

备忘录

（1）演讲的终止方法，事实上是演讲最重要的一环。因为留在听众记忆中最长久的，是最后的一节。

（2）"关于这个问题，我所能奉告的只有这些，因此容我就此结束演讲。"千万不要使用这种结束方法。只要能适当地结束就好，没有必要如此谦虚。

（3）结束演讲的语句要事先想好。结尾的部分，要字句不相矛盾地背起来，好好地记在脑子里。当然也要很从容地结束演讲。

（4）关于结束演讲的6个要领——

要言不烦。

号召行动。

给听众呈上衷心的赞赏之词。

以幽默语言博得听众一笑。

适当地引用一段诗句。

制造高潮。

（5）若事先想好开头与结尾的词句，要整理得精简。不要冗长到让听众有"希望快点结束"的念头。记住："饱和点通常紧接着巅峰之后而来。"

第十章

内容要简明、明确

在第一次世界大战方酣之际，英国某位有名的主教，在营帐内对士兵说话。

这支被送往前线的部队，以失学的士兵居多，因此不太明了自己为什么被送到前线来（这是我直接从他们那里问知的，所以不会有错）。尽管如此，这位主教仍然对这群没什么知识的士兵大谈"国际亲善"与"应该给予塞尔维亚共和国到有阳光的地方的权利。"

而大部分听众的知识水平，都仅止于"塞尔维亚是城镇名称或人名"的程度。因此，对他们演说"太阳系起源说"可能比较合适些，然而全场没有一个站起来离席的。因为为了防止他们退场，早在会场的出入口安排了携枪的宪兵。

我不想诽谤这位主教。如果是在大学生的面前，或许他能给予学生们莫大的感触；但是前述的场合并不恰当，所以主教的演讲当然是失败了。那可以怪他太过不了解自己的听众，完全无法明了自己该如何演讲所致。

所谓演讲的目的是什么呢？纵然演讲者自己不清楚，也应该不外于下列4大类别的某一类：

（1）想让听众明白某事。

（2）感动听众、说服听众。

（3）想号召行动。

（4）想让听众发生趣味。

就以林肯为例来做说明吧！林肯时常注意机械，甚至因发明触礁船只的拖离暗礁装置，而取得专利权。这个时候他一定在办公室附近的机械工场，全心全意地制造样品。虽然这项装置最后并没有真的被利用，但是因为他自己心里确信会有被利用的可能性，因此只要朋友想看样品，他便不厌其烦地一再为他们说明。这种场合的说明，其目的不外是想让对方明白其原理。

当林肯在盖茨堡发表他那不朽的演说时，发表他就职第一次及第二次总统的演说时，为美国名政治家亨利·克莱逝世而颂扬他一生经历的时候，林肯的主要目的，就是说服人而使人家感动。当然，要说服人家，而且使人感动，他就应该讲得十分清楚；但是，在这几种情况之下，清楚还不是他的主要目的。他在向法官讲话的时候，是希望得到有利的判断，在政治活动的时候，是希望获得较多的选票。换句话说，就是他的目的在得到他人的行动。还有他在当选总统的两年前，预备了一篇关于科学的演讲，目的是引起人家的兴趣。这虽然不是他十分成功的杰作，但可证明他也用过这一种演说，以期达到他的目标。

上面所提的几项演说因为各有他的目标，并且知道怎样去达到目标，所以常常是成功的。有许多演说家，他们并不明白这一些，所以常常言语颠倒，结果是遭到了惨败。

欧战时我见到过一位美国国会议员，他被听众叱骂而强迫走下旧纽约马戏场的舞台，因为他对听众所讲的是美国怎样的备战，他的演说的目的只在讲清楚，但是听众并不希望听到他的教训，大家想得到一些兴趣。所以最初只是忍耐着，希望他快快结束。可是，他太不聪明了，也有些不自觉，终于听众到了忍无可忍的时候，便有人恶意地鼓掌、欢呼、讽刺，大家都效法着，不到多少时候，场中不少的人在吹口哨和狂喊了。这位愚蠢的演说家不明白群众的心理，仍旧继续讲下去，于是把群众激怒了，喊声像巨浪似的，终于压倒了他的声音，他只好自认失败，十分羞愧地走下台去。

从这个例子我们得到一个教训，就是对于演说的目标，必须事先有聪明的选定，并决定怎样去达到这个目的。

1. 用比喻帮助说明

想说的内容（主题）如何能让对方清楚明白，是非常困难的，万万不可大意。忘了是什么时候的事，我参加过某诗人的朗诵会。能听懂该位诗人在说些什么的人，竟不及全体的十分之一。很多演说者会公私不分，犯了和这位诗人同样的错误。

我和著名物理学家罗基先生谈论"在人前演讲所不可或缺的是什么？"时，这位在大学任教 40 年的先生最强调的是下列两点：

第一，知识与准备；

第二，努力说清楚。

门徒们曾问过耶稣："为什么要用比喻来告诉人们？"耶稣回答："因为我所讲的东西，他们看不见，也摸不着，如果不作比喻，他们便无法领悟。"耶稣非常清楚这番道理，于是用人们所知道的事来比喻他们不知道的事。

所谓的"天国"，究竟是什么样的地方？如何才能让没有知识的人知道？

几番思考之后，耶稣如此解释天国："天国就像一粒芥菜的种子，有人把它种在田里，虽然它比其他的种子都来得小，可是一旦长大之后，却比任何菜都来得大，最后竟变成可以让空中的小鸟栖息的树木；天国也像发酵粉，女人把它取来放在3杯的面粉之中，便会整个膨胀起来。天国像埋藏在田里的宝物，人们发现之后又会把它藏起来，然后欣喜万分地变卖所有的家财，买下那片田地；天国也像寻求极完美的珍珠的商人，发现了一颗高价的珍珠之后，变卖所有的家产来买下那颗珍珠；天国又像投入海里捕捉各式各样鱼类的渔网。"

这是很容易明白的比喻，任何人都能理解。因为听耶稣说话的女人们会使用发酵粉；渔民会每天把网投入海底；商人则四处寻求珍珠。

也有应用比喻原则有趣的例子。传教士们想把《圣经》翻译成靠近赤道某非洲部落的语言，对于下列这首诗句却苦无对策：

请清净我，

使我变得纯洁异常！

请洗净我，

使我变得比雪洁白！

该怎么翻译比较好呢？该部落的人们应该不知道什么是雪，甚至没有"雪"这个字，似乎没有办法说明雪与柏油的差别。于是，传教士们把雪比喻作土著们所熟知的椰子白色的果肉：

请洗净我，

我将会比椰子的果肉更洁白！

某人曾在密苏里州州立大学做了一场关于阿拉斯加的演说。在"简明有趣的演讲"这一点上，他的败笔四处可见。如果他努力学习过非洲传教士们所用的譬喻法，那么情况应该就不一样了。追究起来，他真是忽略了去讲那听众所知的事。

例如：这个人说阿拉斯加的面积 590804 平方英里，人口有 64356 人。59 万平方英里？这能让一般人了解到什么？什么也无法了解！这个面积是普通人所无法想象的宽广辽阔。像缅因州那么大吗？像得州那么大吗？如果这位演说者告诉听众：阿拉斯加与阿拉斯加诸岛的所有海岸线的长度，比地球一周的长度更长；阿拉斯加的面积比美国东北部的宾州、缅因州、马萨诸塞州……18 州加起来的总面积还大，这样是否会比较好些？那样的话，不是每个人都能立刻清楚地意识到阿拉斯加的辽阔吗？

人口也一样。假使这天的听众是来自密苏里州的小城镇，如果告诉他们阿拉斯加的人口比该城镇少了几万人，或者大约是几分之一，当然能留给他们较深刻的印象，这席演讲也将变成比较简明易懂。

下列所列举的句子当中，（a）与（b）何者比较浅显易懂？

（a）离我们最近的星球，有 35 兆英里之远。

（b）每分钟速度 1 英里的火车，要 4800 万年的时间才能到达离我们最近的星球。如果在那星球上唱歌的话，要 380 万年之后才能传到我们的耳朵里。

（a）世上最大的圣彼得教堂高 232 码、宽 364 英尺。

（b）世界最大的圣彼得教堂，是位于华盛顿的国会的两倍大。

英国物理学家罗基正是此中能手，他以实际易懂的方法对一般人说明难懂的原子的大小及性质。某日在欧洲演讲时，罗基先生说："一滴水所含的原子数量，就像溢满地中海的水滴数那么多。"当时大多数的听众，在演讲之前都经历过一星期的船程才到直布罗陀海峡的。像这样以简明的例子做比喻的原则，也请您运用到自己的演讲上。

如果要说明巨大的金字塔，不仅是用数字表达其高度，更要以听众平日常见的建筑物做比较。例如：不说 20 英尺高，而说"是这天井的两倍";距离也一样,如果说"从这里到车站"或"从这里到×××街道",这不是浅显多了吗?

2. 避免专业术语

如果您是从事某种专门的行业,而必须对外行人做您专业范围内的演讲时,请特别留意要用浅显易懂的词句表达,重要的内容须详加说明。

在谈论自己专门的特定范围的人,往往会忘了听者是完完全全的外行人。他在诉说自己的经验时使用恰当的专业术语,滔滔不绝地谈论着对自己意义非凡的事情,而一点也没顾及他的听众们。

对于会犯这种错误的人,我希望他们能详读下列的忠告。那是印第安纳州所选出的参议员贝布利吉先生以活泼的笔调所写的文章:"选择听众中最没有知识的人,以他为假设的对象来预备演讲比较好。这样一来,无论如何你非得举出一些简单易明的例子来说明不可。更好的方法,是以跟随父母亲前来的小孩子们为对象,来作你明快晓畅的演说。"

在演讲之前先告诉自己,或者先这么告诉听众也可以:"我尽可能以浅显的词句演讲,试着让孩子们也能听懂、并且记住内容,在他们回家之后还能清晰记得我说了些什么。"

曾经有位身为医生的受训员,在演讲中说:"横隔膜式呼吸真真实实地促进肠的蠕动,对健康非常有益。"他只说这句话便很快地转移话词。于是我打断他的话，对听众席中的听众问："有哪位知道横隔膜式呼吸？知道为何对健康有益吗？有谁了解蠕动运动？……"看了举手的结果，医生大吃一惊，才慌张地详加说明：

"所谓的横隔膜是一层很薄的膜，它的位置是在胸部和腹部的中间，当你在做胸呼吸的时候，它的形状正像一只覆着的盆；你做腹部的深呼吸的时候，它被空气挤压着，差不多由弧形而变成了平面。在这时候，你可以感觉到你的胃压迫着你的腰。所以，横隔膜向下的压力，摩擦并刺激到你腹腔上部的各种器官，像胃、肝、胰以及上腹部的神经网等。当你呼出空气的时候，你的胃和各种上腹部的脏器被横隔膜推了上去，这一个摩擦，是帮助你的排泄作用的。凡是消化不良以及便秘等疾病，大都可以由横隔膜的呼吸练习而消除的。"

这样修正的演讲，理所当然能充分让听众理解。

3. 林肯的演讲何以浅显易懂

在白宫的生涯中，当林肯有任何新提案时，一定以谁都能明白的词句来表达，他一生都抱持着这份关爱。

刚开始在议会演说时，林肯使用过"包裹糖衣"的措辞。他的朋友曾经指责他这样的词句若用来游说的话，还算可以；但若想留名青史，则似乎有欠威严。林肯答道："是吗？如果'包裹糖衣'一词大众都无法理解的话，改变也无妨；否则，保持原状不也很好吗？"

有一次，勒克斯大学校长高丽辛博士曾经问林肯，如何才能提高自己对使用通俗措辞的热情？

林肯答道："当我还是小孩子的时候，如果有人对我说了我听不懂的话，我会非常生气，这事至今依然记得一清二楚。虽然有很多儿时记忆，但是能令我生气到无法忍受的唯独这种事。那时一到夜晚便有人来拜访家父，一起聊天。谈话中如果有我无法理解的话，我会关起房门在房间中来回踱步，同时思考那些话。一旦被那些思绪缠住了，如果想不出它的意思就无法睡觉。或许就是这个原因，即使我自己了解了，若不把它转换成人人皆能明白的措辞，也一样无法入睡。这对我而言是一种热情，而这份热情一直未曾冷却。"

在林肯来说，那确实是一种热情！教育家葛拉罕先生也如此证实道："我记得林肯把一个理念以 3 种方式来表达，并花了不少时间来检讨何者比较合适。"

何以大家都无法用简明的措辞演讲？大家的通病是：自己想说的话，事实上连自己本身都不甚明了。这是暧昧的表达方式；是一种不清楚、不真诚的做法！结果呢？因为头脑不清醒便什么也不知道，就好像在雾中无法拍照一样。

任何人都要和林肯一样，碰到不解或不知意义的词句时，都有必要侧头仔细思考。

4. 诉诸视觉

我们已经叙述过了，眼睛通到脑的神经，比耳朵到脑的神经还要粗好几倍。而且，我们对眼睛所接收的刺激，比对耳朵所接收的刺激还要敏感 25 倍，这是有科学根据的。"百闻不如一见"，诚然如此！

因此，若欲清楚地传达，就须把重要的项目（您所认为的）描绘成画，使听众能看得到。有名的国际自动收款机公司原总裁，已故的约翰·巴逢逊先生也提倡这一点。

我认为若要求听众了解自己、要求听众维持他的专注，并不能光靠说话，而必须补充一些动人的因素。最好是尽可能随时地用表格来表达。因为表格比言词更具说服力，而图画或照片又比表格更具说服力。

理想的方式是，细分题目把各部分描绘成画，只在连结各部分时才使用言词。与人谈话时，无论说了什么话，都比不上一张画或照片来得有用。这一点我早就注意到了。

即使是非常笨拙的画，也能发挥卓越的效果。我经常让漫画或记号自己说话。将美金的记号用圆圈圈住代表钱，画有美金记号的皮包则代表大笔金额。描绘出圆形的脸，即使只用线条画上眼、耳、鼻、口，也能做出各种表情。跟不上时代的男人，他的嘴角下垂；有朝气、站在时代尖端的男人，他的嘴角则上扬。我的画虽然简单，并不一定要多鲜艳美丽的画，重要的是必须表达思想，要让听众看出其对比。

并排出装有钱的大小袋子，也能表达出事情的真相，这表示一边能带来众多的利益，另一边则几乎无利可图。边说边描绘出这些画的话，就不必担心听众会想其他的事情了。他们的眼光被你的动作所吸引，与你共同进入话题里，而在不知不觉中理解了你所要表达的思想。因为有趣且令人愉快的画能使人心情快活，注意力也自然集中。

并非所有的场合都要展示物品或画给听众看，但是，可能的话，你不妨利用这讨好又有趣的方法。

眼睛看得见的东西能引人注意、提起兴致，甚至使所使用的言词增加意义。假使用画无法表达，也能借着言词尽可能地让听众的脑海里浮现出清楚的影像。如果只说"狗"，到底是牧羊犬，杜宾狗，还是贵宾狗？这不太容易明白。若是说"英国斗犬"，那么印象就稍微缩小范围了；若是"斑点的英国斗犬"，意象就更加鲜活了。

不说"马"而说"黑色的雪德兰德小马"、不只说"鸡"而说"一脚折断的白色短脚鸡"，这不更能明确和鲜明地传达影像吗？

5. 重要的事项以其他的词句重复说明

拿破仑斩钉截铁地说："表达方法之中，只有一个原则必须严格遵守，那就是——重述。"即使自己非常清楚，他人未必能立刻明白，拿破仑一定很清楚这点。

拿破仑也很清楚，若想充分理解新的事物，必须花费时间和集中精神，也就是说对新的事物一定要反复练习研究。然而，完全相同的言词却曾使效果减半，人们会排斥相同言词的重复。可是以新的措辞来表达相同意思的话，就不会觉得那是单纯的重复。

已故美国政治家柏来安说："你若是自己还不明白那问题，也就无法让别人了解。反之，你脑中所想的事如果越清晰，就越能明确地把它表达至他人的脑海中。"

上面第二句话，就是第一句话的重述。当你说到第二句的时候，听众还没有工夫来细细地辨别一下他究竟是不是重复，反而觉得这样一解释，显得格外清楚了。

我所教过的任何班级，有不少令我惋惜的例子："只要演讲者利用这种重复的方法，就能给予听众更明确、更深刻的印象了，偏偏……"初学者在演讲时，几乎都忽视了这项原则，结果当然是非常不理想！

6. 应用特殊的例证和一般的解说

利用特殊的例证和一般的解说，这是最妥善而容易的方法，使你所说的要点更加明白。究竟特殊的例证和一般的解说有些什么不同呢？照字面说，就是一种特殊的和一种一般的。现在我们不妨引用具体的实例来解释一下，比如说："有许多上班族，常常可以赚到巨额的薪水。"

这句话等于没说一样。讲这句话的人，自己先就不敢确定他将在别人心中唤起些什么？他可以使一位乡下医生，想起一位在城市中每年有 5000 元进账的同业。同时他也可以使一位有相当成就的矿务工程师，想到他同伴中有人一年能够赚到 15 万元。总之，这句话说得范围太大了、太笼统了！实际上他应该详细注明他所指的职业是哪一种，怎样才算是"惊人的巨额"。

下面一段演说就清楚多了：

"有许多律师、作曲家、小说家、剧作家、画家、演员和歌唱家，他们的进账，比美国总统的收入还要丰富。"但这里他只就一般来说。他所指的"歌唱家"仍不能使人知道他指的是哪一个歌唱家。如果他再照下面一段举出一个特殊的例子来，给人的印象就更加明显了！

也就是说，如果是演员便应举出是哪个演员；如果是歌星，就应说是哪位歌星。若是说话者举出特定的实例（名字等），听讲者便能具体地想象出该情况。

在专业人士之中再加以具体指"名"，例如：住在纽约的律师××先生……这就是具体、清楚、个别的表达方法了。这项法则不但使内容更明确，也能使内容印象更深刻，更能引发听者的兴趣。

7. 何谓"不要与野生的山羊竞争"

心理学家詹姆斯曾说，在一小时的演说中，只可提出一个要点来演说。但是，最近我却听说有人手里拿着秒表，在3分钟的限定时间内，要连续述说11项要点（平均一项要点只用了16秒半的时间）。这简直像是用30分钟便要参观完整个博物馆的陈列品一般。如此匆忙地参观，究竟能了解到什么呢？

很多时候，演讲之所以会失败，那是因为演说者在被限定的时间内，像要创世界纪录似的竞相拼命多说话，从一项要点紧追着另外一项要点，这不正如野生的山羊一样蹦蹦跳吗？

演讲不是要比快。有时为了配合实际需要，必须适度地裁减手中的布。假如你打算发表关于劳工组织的演讲，那么你手中的"布"，可能网罗了劳工组织所有的一切，但是能在三五分钟之内说完全部吗？如果勉强地全部填塞进去，那就要产生混乱了，我想不会有任何人理解你的演讲。因此，这时候要抽出适当的主题（从该处裁断），适切地讲解该部分，这才是上上之策。那样的演讲能予人整体的印象，明了、牢记，而且赏心悦耳。

不过，如果演讲中一定要包含多项要点，那么我奉劝诸位最后的结尾要精简。我在本书各章之后附上"备忘录"，就是希望各位能了解我的这种用意。

备忘录

（1）明确地传达非常困难，却是相当重要。耶稣也说一定要利用比喻做说明，对于看不见、听不见的东西，自然要以具体的例子来比喻说明。

（2）耶稣用人们所知道的事物来比喻人们不知道的事物，把天国比喻为种子、捕鱼的网、珍珠等。如果你想说明阿拉斯加的大小，不能只说面积是多少平方英里，而要举例说是美国哪些州的面积总和。

（3）避免使用专业术语。要听从林肯"用小孩也能理解的话来表达"的劝告。

（4）先确认自己想说的话，在自己的脑海中是否如正午的太阳般明朗。

（5）诉诸视觉。尽可能活用图或画，言词也要明确，不只说"狗"，要说"右眼四周是褐色的狐狸狗"。

（6）重复重要的事项，但不能使用相同的言词。要让听众以为文章有变化，而且对内容有更深一层的理解。

（7）抽象的事物要引用一般性的例子，而引用特定的例子或具体的名字，则又更加明确。

（8）不要勉强多说话。若欲适切地处理短时间的演讲，只能抽出一两项大重点，否则就真的要"贪多嚼不烂了"。

（9）简洁地整理要点，结束演讲。

第十一章

吸引听众的方法

你现在所读的这一页、这一张纸，实际上是很常见的东西。像这样的纸，至今所见一定不可胜数了。但是，假如我在此稍微说些新奇的东西，我想你一定会感兴趣的。

　　这张纸是固体。但是实际上，与其说是固体不如说是像蜘蛛网的东西。物理学家知道这张纸是用原子构成的。

　　所谓原子是多小的东西呢？如第十章所写，一滴水里满含地中海水滴数的原子。那么，做成这张纸的原子是什么东西构成的呢？是称作电子、阳子等更小的东西构成的。电子全部围绕在原子和中央的阳子的周围（其比率大约是月球到地球的距离）。而且这些电子依轨道绕行于阳子的周围，以秒速约10000英里的高速度移动着。所以，构成你手边这张纸的电子，从你开始读这篇文章的时候，已经移动了从纽约到东京之间的距离了。

　　前两分钟，你或许认为这张纸是静止的、无聊的物体，不过事实上，它却是神明所造的一个不可思议、确确实实精力充沛的"动"物。

　　假使你现在对这张纸感到兴趣的话，这是因学了关于"这张纸"之新的、奇异的事实。在那里有让听者产生关心的秘诀。

这实际上是有意义的事实，应在我们日常生活中活用，承受其惠。对全新的东西我们不容易产生兴趣，完全旧的东西，对我们也缺乏魅力。

在应该谈论农业问题的地方，像布鲁丘大教堂或蒙娜丽莎之类的话题，便无法引起人们的兴趣。因为这些与他们所关心的事没有太大的关联。

但是如果你告诉他们，荷兰人在比海还低的土地上耕种、掘沟代替围墙、架桥代替门户……便一定能立刻引起他们的兴趣。如果你告诉他们：在德国的冬天里，人们会把母牛牵入室内，所以牛也能在缝有蕾丝边的窗帘旁，看着窗外的降雪……他们也一定会挨近你，以便仔细聆听。因为对他们而言，这是从新角度来听和他们密切相关的农耕和畜牧。

1. 人们最感兴趣的 3 件事

如果说世人最感兴趣的 3 件事是——"性、财产和宗教"的话，你会反驳吗？

我们因性而创造生命；因财产而维持生命；因宗教而满足我们对来生的祈盼。所以，我们所关心的是自己的性、自己的财产、自己的宗教，而决不是他人的。我们所关心的事，归根结底是聚集在"自己"一身。

即使对"在秘鲁的遗书写法"不感兴趣，但如果题目是"我们怎样订立遗嘱"的话，你一定会很有兴趣吧！您对于印度教所抱持的关心，很可能仅止于好奇的程度；但是如果听说是"自我约束以求得万世永远幸福的宗教"，您大概会衷心地关心吧！

当有人询问已故的诺斯克利夫博士，什么最能使人们感兴趣的时候，他回答是：人们关心"他们自己"。这个答复是对的，因为他是英国最富有的报业大王。他能知道每个人的心理。

你想知道你是一种怎样的人吗？好，我们现在谈论到你。我们先让你照一照你的尊容，使你认识一下本来的面目，然后再留意你的幻想。幻想是什么意思呢？让詹姆斯教授来回答吧！在他所著的《心的形成》中，我们可以读到下列的话：

当我们在清醒的时候，自己也感觉到我们的脑海是在不停地思想；当我们在睡觉的时候，脑子也还在不停地转。这睡觉时的思想，和我们在清醒时的思想比起来，当显得更为愚蠢，我们常常待在幻想的迷梦中，这是我们自愿而且是极爱好的一种"思想"，我们随我们思想的轨道进行，这轨道是由我们的情感所决定的。

世间不会有比"我们自己"更令人感到兴趣了，所有一切不加约束和指导的思想，都环绕着我们。如果你留心去观察自己和别人心的趋向，这是十分有趣，同时也是十分可悲的。

我们的幻想，是我们主要性格的指数。这些幻想，足以影响我们自尊自大的一切思索。

所以，你应当记住，和你说话的人，他如果不是想到自己的事业和职务，就是在想自己的光荣和正直。人们对于自己的芝麻小事，要比任何重大的事都还要关心。他对于自己刮脸的刀片钝了不能刮胡须的事，比在某处飞机失事的意外还要关心。他自己的脚趾肿痛，比在南美洲的大地震更重要。他听你谈论他本身的得意事件，比听你谈历史上的一切伟大人物的事迹更为高兴。

2. 如何才能成为座谈会高手

能很技巧地说话的人不多，那是因为很多人都只谈些自己关心的事。对自己再有趣的事，对别人而言都是乏味至极的。所以要以对方有兴趣的事物为谈话内容。

对方的工作、高尔夫球的得分以及他的成功经验谈……如果对方是妇女，则谈论她的小孩等等，什么都可以，只要能让对方说话，并满怀热情地侧耳倾听。那样的话，保证能让对方高兴，而且你也一定会成为受欢迎的倾谈者。

德维特在演说训练班的结业餐会上，做了一次很成功的演讲。他把席间的每一个人都谈到。谈他们在课程刚开始时说话的样子、如何进步了、曾说了些什么话、讨论过些什么等等，还时而逼真地模仿、时而夸张其特征，逗得全桌喷饭、高兴不已。

以这种聪明的做法，决不会遭到失败。

3. 迷倒 200 万读者的构想

几年前《美国人》杂志曾经有过一段辉煌的时期。

几年前该杂志的读者突然大增，且轰动了整个出版界，其秘诀是出自于已故的总编辑约翰·薛德鲁的构想。我初次与他会面是因为我是该杂志的投稿者，而当时的他是推广部的负责人。

那时他对我说："人类是自我本位的。人类所关心的是自己。对于政府是否将铁路收归国有的是是非非，不会有太大的兴趣。如果话题是升迁、薪水、健康……的话，眼睛一定会马上发亮。所以我认为要让人们知道这些事比较好，告诉他们牙齿的保养法、健康的沐浴法、在夏季如何消暑、如何求职、如何吸引员工、如何购屋、记忆法……等事情。而且人们对成功人物的故事也很感兴趣，所以我也打算请一些有钱人来谈谈致富之道；或者请卓越的银行家或企业家来谈谈他们的成功之道。"

果然，当他升为总编辑之后，便立刻实行这个构想。结果，该杂志的长期订阅由 20 万而 30 万、40 万，最后增加到 50 万。因为这份杂志里面有人人所欲追求的东西，最后，它的读者竟突破 200 万大关，而且那个数字在往后几年依然持续地上升，那可以说是一种"关心自己"之策略的成功吧！

4. 永远让人关心的话题

你如果讲述一些呆板式的理论，说不定会令人生厌；要是讲述一些普通的人事，也不大容易抓住听众。因为人家每天家里、饭馆里、茶室里、游乐场里，不知要说多少闲话，这些闲谈中的显著特点，是某人怎样发了大财、某人怎样倒霉、某老板和他的秘书搭上了以及某小姐近来和谁要好……等等的"马路消息"。

在某个班级，我曾让一些美国的商人以"如何成功"为题发表谈话。几乎每个人都举出一些普通人惯用的"努力"和"勤勉"等等老生常谈的美德，叫大家努力去学习。可是他谆谆的教训，却使听众感到乏味，几乎讨厌得要睡着了。

于是，我就打断他说："我们不愿听教训式的演讲，教训是没有人高兴听的，你必须要使你的听众高兴，否则就没有人会注意到你的演讲了。同时，请你记好，世上最大的趣事之一，便是高尚而美妙的闲谈。你应该讲述你熟悉的人的故事给我们听，说明为什么某人是成功而某人是失败，这是我们所乐意听的。记着这一些是有益的，因为我觉得讲述这些事情，比讲述抽象的道理还容易。"

被我这么说的一个男子，原本是连3分钟的演讲都嫌缺乏题材的；这一天却以他熟知的大学同学为例，吸引了听众长达30分钟之久。他自己也没有注意到这一点，事后表现出无法言喻的惊讶。听众也觉得很有趣，所以一点也不觉得冗长。这位学员就如此地初次尝到真正胜利的滋味。

这个例子给我们很多启示。在极普通的演讲中，若加入一些富有人性的趣味，便能立刻深入人心。在举出具体事实的同时，也轻易地叙述了两三项要点。这种结构的演讲，不管是谁都能引起听者的关心及注意。

甚至可能的话，增加些如何刻苦奋斗，最后获得胜利的故事，谁都会注意争斗或奋斗，因为世人爱纷争更甚于爱情人。

在事业上，一个男人如何与恶势力缠斗，最后终于胜利的故事，最能振奋人心，引起人们的兴趣。某杂志的编辑者说：世上最好的故事题材，是每一个人一生中的真实经历。这句话很有意义，谁不曾有过奋斗和挣扎呢？只要是真实的故事，必有其感人之处——引人共鸣。

5. 具体的例子

在笔者教授的演说班上，同时有两位知识程度相差悬殊的学员，一位是哲学博士，一位是30年前的海军，是个粗鲁的汉子。博士是大学教授，而这位当过海军的汉子曾经横越过7个海洋，现在是以车子在小巷巡回贩卖的小公司的老板。

奇怪的是在课程当中，小老板的话比大学教授的话更受欢迎。教授有优美的词句，有教养且文雅的举止，论理明快而合逻辑。但这个人的演讲，似乎缺乏一件重要的事，那就是具体性。

他的演讲太笼统、太空泛了。另一方面，老板能在一开始就进入主题，清楚且更具体地演说。他融合了天生的男子气概与有力的措辞，内容非常生动有趣。

有这种说话清晰且具体好习惯的人，与他的学历、环境没有关系，而是因为他知道如何引起听者的注意。这一点非常重要。现在就举几个例子，以便让这个原则深刻地印在你的脑海里。

例如，因宗教改革而闻名的马丁·路德，在他的少年时代，我们说他是"顽皮而难于制服的"好呢，还是说他"虽然只是一个上午，却让老师体罚了 15 次"好呢？两者中以何者印象比较深刻呢？前者不太能引发人们的兴趣，可是若听说"体罚15 次"，一定会吓一跳吧！

老式的名人传记，是赘述许多笼统的文字；新法却看重在叙述一些具体的事情。你的叙述能够具体化，自然把一切表达明白了。旧方法写传记文，说约翰的父母是贫穷而诚实的人。但是新的写法，一定要说约翰的父母，穷得连一双套鞋都买不起，所以在下雪的时候，用粗麻皮缠在脚上，用以取暖和避湿。然而他虽然这样穷，在牛奶中也从不加水，从不把病马去当健马卖给人家。这不是表明他的父母是"贫穷而诚实"的吗？这种表现手法，不是比"贫穷而诚实"更有趣吗？这种方法，用在写传记方面是有效的！当然，用在演说方面，也同样是有效的。

让我们再来举一个例子：比方，你说在尼加拉瀑布每天所耗的马力数量很惊人，你说这一句话后，再加上一句，如果把这种消耗的动力来加以利用，用所得的金钱来购买生活的必需品，那么，许多民众都可以得到衣食了。这种说法，不是十分有趣吗？不，我们且看，下面的一段文章，是从《每日科学》上节录下来的，请看这样的说法是不是更动人：

我们听说在国内有几百万的民众，他们是胼手胝足地过着日子，面目憔悴而显得营养不足的样子，他们缺乏面包来充饥。可是，在尼加拉瀑布，每小时都要无形中消耗去相等于25万块面包的能源价值。

如果打开心眼仔细看，说不定能看到每小时有60万个新鲜的鸡蛋，从尼加拉的悬崖落下，在瀑布中变成巨大的蛋饼。

如果棉织品不断地从织布机中织出，能有4000英尺宽，它的价值也等于尼加拉瀑布所消耗的一样。如将此动力消耗用在卡耐基图书馆中，那么，在一两小时内，图书目录就要重编而充满了9000万册珍贵书籍的名称了。我们还可想象有一家极大的百货公司，每天由伊利湖把公司里所有的货物往下流，完全跌落至160英尺的山洞中而成了粉碎，这是多么惊人的消耗啊！有人因此主张拿出一笔款子来利用这一巨大的水力，想不到竟也有人加以反对呢！

6. 变成画的文句

技巧可以帮忙引起听者的关心。虽是很重要的技巧，但是多数的人，不是忽视就是完全不熟悉。这技巧指的是使用"画般的言词"。好的演说家会使他的话像一种影像浮现在听者的眼前；反之，用词暧昧、陈腐、毫无色彩的人，若是让听者想打瞌睡，那也是无可奈何的事。

画！变成画的文句！它就像空气般可以自由取用。那可以透过你的话、透过你的"绘画"，向四处散播。如此一来，你的话会变得非常有趣，且强而有力。

可是，"变成画的文句"究竟是怎么样的呢？像前面所引用的关于尼加拉瀑布的话题，不就已经用了不少了吗——25万块的面包、掉落悬崖的60万个鸡蛋，在瀑布中变成大蛋饼、从织布机出来的4000英尺长的棉织物、位于瀑布下的卡耐基图书馆等等。

不知不觉中加入这样的话，就像在银幕上显现诱人的事物。

英国的哲学家史宾塞，在他的名著《文体之哲学》中，指出能唤起鲜明影像词句的好处，做了如下的评论：

当我们在想某一件事的时候，并不能只驱使一般的概念，而是要以特殊的概念思考。所以，以下的文章必须避免——"一个国家的风俗、习惯、娱乐等，越为残酷、野蛮，其刑罚的规则也越严厉。"

而我们可以这么说："一个国家的人民越喜好战争、斗牛以及决斗的话，他们越可能以残酷的刑罚，如绞刑、火刑等，来处罚罪犯。"

7. 传染兴趣

到目前为止，我说了各种吸引听众的要素，若你接受了上述的建议，并照着做的话，或许就可避免泄气且无聊的谈话。因为吸引人们的兴趣，实际上是微妙的感情和心思的问题。这和让火车发动不同，无法事先设计详细的规则。

希望各位一定要切记，感觉是可传染的。如果你本身不兴味索然，也必定会使这种心情传给听众。

以前在巴路西莫城的演说班上，有位绅士警告班上的人："如果继续像现在这样在加沙比克海湾捕石鱼的话，这种鱼早晚会绝种（这预言果然在数年后应验了）。"

那位绅士打从心底担心这件事，那是非常急迫的关怀，因此当他为此吁请时连身体、手都在摆动，以传达他的深切的感慨。

在此之前，我完全没听过这件事，也不关心这件事。那时我想班上每个人大概也和我一样吧！可是当演讲结束时，大家都感染了他的忧虑，我们都有关心这种鱼的感觉。而且也都感到有必要立刻去向国会请求通过保护石鱼的法令。

我曾向当时驻美的意大利大使贾尔德请教，他如何会成为一位令人深感兴趣的作家之秘诀。他说："我觉得人生不是一成不变的，而且是趣味盎然的，我因而兴奋得无法不对人说。"

没有比这样的演说者或作家，更能掳获人心了。

备忘录

（1）我们所关心的不是普通、寻常的事实。

（2）我们最关心的是"自己本身"的事。

（3）如果让对方谈论他本身的事或感兴趣的事，并认真倾听的人，即使你谈得不多，也会被认为是"会话高手"。

（4）真实的故事，大抵都会引起听众的注意。说话的人只要提出两三项要点，用这类写人性的有趣话题来证实，便可成为有声有色的演说。

（5）具体地、明确地演讲。像说到马丁·路德的少年时代，若只说"顽固而处理不了"，则仅是叙说事实罢了。如果斩钉截铁地说："虽然只是一个上午，却让老师体罚了15次"，则会变得更明确、更有趣、印象更深刻。

（6）内容中用"变成画的词"——要镶上能在眼前浮现影像的言词。

（7）要"传染兴趣"。如果连说话人都兴趣缺缺的话，也一定无法期盼听众的热情回馈。

第十二章

慎重词汇的运用

有一个没职业也无积蓄的英国人，为了找工作而独自在费城的街上彷徨着。终于，他去拜访了这条街上有名的实业家保罗，要求希望给他当面谈谈的机会。

保罗用怀疑的眼光远眺这位陌生的男子。不管怎么看，该青年的打扮都谈不上高雅，服装也很邋遢，一副穷困的窘态。保罗在半好奇心、半同情心下答应和他见面。本来只打算问他一点点话就可以了，但是这"一会儿"却成了"几分钟"甚至成了"一小时"，而且又继续了他们的谈话……

后来保罗打电话给这条街上屈指可数的金融界人士——劳伦特·德罗而结束了会谈，这劳伦特还招待了这位陌生的英国人吃午饭，并且马上安排给他一份很好的工作。

这个落魄街头的人物，为何在这样短的时间内竟能达成如此令人羡慕的交涉呢？事实上，他的秘密武器就是"英语能力"。因为这个人是牛津大学毕业的，为找工作而来到美国，却不幸失败而落到一毛不剩的困境。但是因为他满口漂亮又流利的英语，而使得听者在不知不觉中，忘了他褴褛的衣服及杂乱无章的胡须。

——漂亮地操作语言，在商业界算是最厉害的护照了。

这个小插曲可能只是个巧合，但也隐含有相当深刻的道理，也就是说我们每天都依说话的方式而被评判着。在语词的运用中就流露出我们的品格了。依语言的运用，使我们连他是和那种同伴交往都可以了解了。

——语言：证明了使用者的教养水平。

这是许多年前的事，我的感觉简直就像做白日梦一样。站在罗马的街道上，然后有一位陌生人向我靠了过来。这人自我介绍是住在所谓殖民地的英国人，谈起了有关永恒不朽的都市——罗马的种种。但是还不到 3 分钟的时间，他就开始很严重地使用了一连串错误的语词。这个人从早上醒来开始，就穿好鞋穿上干净的衬衫，对于当天所接触的人不失礼貌，是一个相当体面的人，但在语词的修饰上，为何不也花一点工夫呢？

在西方和妇女打招呼时，如果不把帽子举起会被认为是很不礼貌的；但对于语言文法上的错误而让听者感觉不舒服一事，为何就能毫不在意呢？使用粗俗的措词，等于是向他人表示出自己本身就是个粗俗的人！

我们和人们接触的时候，有 4 件事情容易被人拿来评估我们的价值，那就是：

我们所做的。

我们的面貌。

我们所说的话。

我们是怎样的说法？

可惜，许多人离开学校以后，为了种种琐事的繁忙，竟使他们忘记了最重大的事,而缺少时间去锻炼他们的"讲话辞藻"，甚至不肯花费一分钟的时间去设想如何充实自己的词句。如何增加词句的意义？如何使讲话准确清晰？——也许你们要以为这也不过走错了一步而已；可是，你们要明白：他们一生的失败，正错在这一步呢！

曾任哈佛大学校长 30 年之久的叶洛荷特博士，告诉过我们这么一句话："我仅承认一件事，是受过教育的绅士淑女们，在知识上所获得的收获就是：能够正确又出色地使用其本国语言！"这是一个极重要的声明，我们在略加思索之后，就可以觉得这话是多么值得我们深思。

1. 是谁教育林肯的

或者你们要问，如何才能使文字熟练，并能优美而准确地写出来呢？——这是一件公开的秘密，所用的方法既不奇异，也非幻术，说穿了只是"平凡之至"。但林肯曾使用这方法，而且得到了惊人的成就！

历来的美国人，从来没有比林肯讲话所用的词句更优美的了。他所写的散文，有人曾这么歌颂过："竟像音乐一般的悦耳！"随便举一个例子吧：当他在连任总统就职演说中。曾说了这么一句话：With malice towards none, with charity for all.（不要怨恨任何人，要以慈爱对待所有的人！）

说起林肯，谁不知道他父亲是一个庸碌无知的农夫木匠，他母亲也没有特异的才学。那么，林肯怎么会有运用文学的特别天才呢？

的确，我们都知道，林肯所受的教育是"不完全的"，一生也不过进了不满一年的学校，这件事，他被选为国会议员后也曾对群众承认过。那么，谁是林肯的老师呢？我告诉你们吧，在肯达基州森林地带有数位巡游的村儒学究，曾无意中帮助林肯得到了很多的长进——要不是他青年时代的环境太恶劣，也许他的成就要更大一些呢。

此外，在伊利诺伊州第八司法区，他曾和许多农夫、商人、律师、讼棍，商讨着对于文字的运用——他们都是与林肯共同成长的老师。在没有火腿、玉米、小麦交换的情形下，这些人都代替了老师的职务。

请牢记吧，林肯成功的秘诀是："每个人都可以做他的教师！"这不正是中国的孔夫子所说的："三人行必有吾师"吗！

除此之外，他再也没有什么神奇或诡异的法术了。

但是（这是很重要的关键），他连一点小事也不疏漏，也绝不做浪费时间的事。在这期间，他和有智慧者及诗人同伴结交成为好朋友，甚至拜伦、勃朗宁的诗都可以背诵了。他把拜伦的诗集在自宅与办公室各放一本，在办公室的那一本因为经常在读，以致书皮都翻破了，听说一拿到手上就能看到内文了。

　　成为白宫的主人后，辛苦地背负南北战争悲剧之重担时的林肯，也把歌德的诗集拿到床上，一有扣人心弦的诗句，即使在半夜也会起身到书记官那儿，一首一首地念给他听。另外，他也喜欢莎士比亚，能背诵很长的台词，还能批评演员们的台词运转，因而常常要别人听听他独到的见解。

　　林肯非常喜欢诗，无论在私人场合也好，公众场合也好，总喜欢让别人听听他的背诵，自己也会作诗取乐，到了中年后则埋首于整理笔记。但非常害羞腼腆的他，使得至亲好友们无缘看到他的诗作。

　　著有《文人的林肯》的罗宾逊这样写道：

　　这位自学成功者，涵养深厚。称他是天才或上智都可以；他的学识不是得自于学校的教科书中，完全是由于他的好学不倦而不断自我丰实的……

　　你能相信吗？一个笨拙的人，在伊利诺伊州的农场，替人们剥玉米和宰猪，每天仅赚 3 角 1 分钱，到后来，在盖茨堡发表一篇演说，竟被誉为历史上最优美最不朽的一篇讲词——说起这回有名的盖茨堡战役，参加战争的有 17 万人，并有 7000 官兵阵亡在那里。可是，如今还有谁再提起它呢？倒是林肯在盖茨堡所发表的那篇演说，直到现在，还被世界各国的人们传诵着呢！

　　这正应验了美国 19 世纪政治家萨姆尔的话："林肯那篇演

讲，到盖茨堡大战被人们遗忘以后，还是会存在的；并且，将来人们说起这一场战争，大半还是由于林肯那篇盖茨堡的演说词所联想起的呢！"

萨氏说话的时候，正当林肯被刺不久，是一个"预言"。可是今天，这话确已得到证实。你不是在听到"盖茨堡"一词便马上想到林肯的演说，再想到那次战争的吗？

最有趣的是，那次参议员艾佛雷特滔滔不绝地演说了两小时之久，但他讲些什么，不但早被人忘记，并且也已无从知道了。而林肯呢，讲了不满两分钟，当一位摄影师想替林肯留下一个演讲姿势，在他尚未把那架原始笨重的摄影机调好光以前，林肯就已经演讲完毕了。

如今，我们到牛津大学图书馆里，还可以见到一块永不磨损的铜牌，上面正镂刻着林肯那篇演说。想不到这篇短短的演说，倒作了林肯一生不朽的纪念；有志学习演讲的人，应该把林肯这篇演说熟读了，并且要能够背诵，我深信至少会对你们有一些帮助——

八十有七年前，我们的祖先在这大陆上，建立了一个新国家，在自由之中孕育而成，奉献致力于一个理想；凡人类皆生而平等。现在我们正忙于内战，为了要考验，如此孕育、如此贡献的国家或任何国家能否长存。今天我们在这个伟大的战场上相聚。我们来此要将这战场的一部分土地，奉献给那些为国家生存而捐躯的人们，作为安息之处。这固然是我们的责任和本分，但从大处来看，我们不能奉献——不应奉献——也不配奉献这片土地。曾在此地作战的英勇将士，无论存亡，所贡献的已远超过了我们尽力所能做的一切。世界不会留意也不会永远记住我们在此所说的话，但绝不会忘记他们在此地所立的功绩。我们这些存活世上的人，应该将自己奉献给在此作战的将士所努力而未完成的工作。我们应该将自己奉献给当前巨大的事业——由这些光荣的阵亡者，我们应获取对正义更深的信仰，因为他们已为了正义贡献出最大的牺牲——我们更当痛下决心，不让死者作无谓的牺牲——使我们的国家，在上帝的领导下，能使自由重生——不致灭亡——并使它成为民有、民治、民享的国家。

许多人以为"民有、民治、民享"这句话是林肯最先提出的，你们以为呢？

让我来告诉你吧：林肯有一位律师朋友叫做帕多拿的，曾在数年前给了他一本美国 19 世纪神学者也是奴隶废止论的西道尔·帕克的演讲稿，林肯读到了这么一句："Democracy is direct-self government, over all the people, by all the people, and for all people."（民生主义是直接的自治政府，一切以人民为上，受一切人自主管理，为一切人们谋福利），就连忙在底下加上许多铅笔线，表示其重要。

不过，帕克这些话并非自己创造的，他是借用 4 年前大政治家韦伯斯特答复海恩的一段话："The people's

government, made for the people, by the people, and answerable to the people."（人民的政府，应该为人民而设立、为人民所管理、并为人民谋福利）可是，韦伯斯特其实也是抄袭前人的话，那是早他三十多年前，詹姆斯·门罗总统曾说过与此意义相同的话。

但门罗总统也是托别人的福，借用来的，那是在他 500 年前，14 世纪一位英文《圣经》的译者，叫做威克里夫的，他在圣经序文里如此写道："This Bible is for the government of the people, by the people, and for the people."

我们索性再追溯威氏此语的来源吧，到底又是起于何时何人呢？那可真远了，应该推到耶稣降生前 400 年，古希腊名人克里昂对雅典人民演讲时，曾谈到一位统治者，应该"of the people, by the people and for the people."——而到底克里昂这句是自己的"创造"的呢？还是来自他人的"抄袭"呢？则不得所知了。

如此认真追溯的话，世界上真正的新东西是多么的少啊！可见大演说家们，从博览群书中获得的益处，又是多么多啊！

书籍，就是这项秘诀的关键所在。希望语词丰富、增加词汇的人，非要不断地鞭策自己，将头脑沉浸在文学的宝库中不可了。

英国政治家约翰·柏莱特说过："站在图书馆前总觉得很悲哀。因为人生是如此的短暂，而自己眼前却有如此丰富的大餐，吃也吃不完呀！"他在15岁时被迫辍学，到一家棉纱工厂做工，是个没第二次机会再回学校的人。可是，他不但英语讲得流利纯熟，并能把拜伦、弥尔顿、雪莱等人的长诗熟读深思，又能将莎士比亚名剧背诵得很多；他每年总要温习一遍弥尔顿的《失乐园》，来丰富他的词汇；他的努力，终于使他成为英国10世纪最伟大的演说家。

此外，18世纪英国政治家福克斯，曾朗诵莎士比亚名剧，他想琢磨自己演讲的风格。

福克斯典藏书最多，差不多近15000册，他告诉过别人，圣·奥古斯丁、巴特勒大主教、但丁、亚里士多德、荷马等人的著作，都使他获得了最大的帮助！他称自己的书房为"平和寺"。

毕特也是英国18世纪的著名政治家，他的自修方法，是每天把一两页希腊文或拉丁文作品读过之后，再试译为英文。这么努力了10年，于是他夸口地说："现在，我已获得一种惊人的能力，不假思索地就能把意见用适宜的词汇表达出来，决不会有一些紊乱或谬误……"

英国诗人丁尼生，每天总要读《圣经》，他尤其喜欢所罗门的箴言和雅歌。

俄国大文豪托尔斯泰最爱读《四福音书》，前前后后不知读了多少次，他还能背诵许多章呢！

罗锡金幼年时代，总被他母亲强迫每天背诵若干节《圣经》，并且每年把《新旧约》全长66卷从头至尾朗读一遍；所以，罗锡金的文章与格式之美是无与伦比的，连他自己也承认，这完全是得力于每天读《圣经》的训练啊——他终于也成了英国19世纪的一位名作家。

刘易斯·史蒂芬生是英国著名的小说家，被誉为"作家中的作家"。他曾自述其写作经验说：

当我读到一本特别美妙的书，或是一段文章，不管它是在说明一件事，或者在讲出一个恰当的意义，也不管它是文字有力呢，或者是笔法优美，我总要立刻坐下，开始自己摹仿这种作风。我也明知第一次是不会成功的，或者好像是永远不会成功，但我绝不灰心，至少这种努力，使我体会了实际的韵律、协调、格调及文章构造的练习。这样，我接连不断地摹仿着英国著名论文家莱姆、诗人华滋华斯、名作家白朗蒂、美国作家霍桑、法国论文家蒙田等。我只当这是一个练习写作的方法，并没有计算到摹仿得相像与否。我也不希望由此获得什么进步——虽然，我明白，这是英国浪漫诗人济慈所曾有过的写作方法，从文学上说，有谁所写的东西，能比济慈所写的诗更优美呢——无疑，这种摹仿最有价值的一点，就是尽管学习的人是如此努力，总无法摹仿得胜过原文。尽管你一次次摹仿下去，结果还是难免一次次的失败。可是俗语说"失败是成功之母"，这一次次失败的经验，正引导着你一步步往成功的大路迈进啊！

我已经讲了许多实例，早已把秘密揭穿了。

最后一次提出林肯的逸话（我想前面也已说过了），他将这番话写下来送给希望当个成功律师的年轻人。

"方法只有一个——把书拿在手上读，并充分研究它。用功、读书、研究，最重要的就是读书。"

2. 从名著里撷取智慧

将真心话表达出来，才能打动人心。为什么呢？因为在心底深处的东西，也就是在最外侧所表现出来的。

我们去追寻在遥远天际散发荣光的诗人、圣人，不如去探求自己内心深处闪烁的光芒，这才是应该学习的重点。人们一不小心就会漏看了自己所想的东西，那就不是在表现自己的思想了。

不平凡的人的作品中，表达"我们漏掉的想法，使我们无法领会的东西又回到我们的身边了"。整个宇宙是个学习的对象，也是无尽的精神食粮，但营养丰富的玉蜀黍是要在自己所拥有的土地上培育的。

名著是一粒粒思想的种子。林肯介绍给那位急于做个成功的律师的青年阅读奥默拉·宾耐特的《每日如何生活》（How to live on twenty-four hours a day.——by Areola Bennest），这册书会给你一种近乎"冷水浴"的刺激，它会告诉你许多你最有兴趣的问题，它提醒你每天你浪费了多少时间，以及如何避免这些浪费，并告诉你利用这些多余时间的方法。薄薄的一本书，不出一星期，你就可以读完它了，请你每天清晨，撕下该书数页放在衣袋里，当你阅报的时候，不妨将每天20分或半点钟的时间，减为 10 分钟，以便去阅读这册书。

美国第二任总统杰斐逊说："我放弃了报纸，而改去读罗马希腊史学家泰西佗和修西里斯，及科学家牛顿、欧基里德诸人的作品后，方才觉得精神上是真的愉快了。"不错，减少读报时间来改读别的名著，只要试验一个月，你定会觉得比从前更快乐了，你何乐而不为呢！为什么不把阅报的时间，以及在写字间或在桌上休息的时间，甚至等候电车或朋友时的余暇时间，将你衣裳中的书取出来阅读呢？读破一册书，不是比一册新书闲置在书架上要好多了吗！

你如果把《每日如何生活》读完了，那么该书的原作者，还有一册更使人感兴趣的名著《人性易改》（The Human Mobile），告诉你应该如何应对，读过以后，定能建立你新的人生观。我所以要介绍这两册书给你，不但是因为书的内容极好，并且笔调也是写得极其流畅和优美，因此，你读这两册书，还可以充实美化你的作文词汇呢！

此外，请你也来品尝品尝源源不绝的两个最伟大的文学泉源——《圣经》和莎士比亚。

有人问英国 19 世纪著名演员欧文斯爵士，世界上最值得阅读的一百册书是什么？但他的回答是："我希望你在阅读一百册书以前先读这两本名书吧——《圣经》和莎士比亚剧本。"不错，欧氏的"推荐"的确是难能可贵的，只有《圣经》和莎士比亚，才是英国文学的两大源泉。你也应该从这两部书中吸取些精华吧！在你每晚看报的时候不如拿起《罗密欧与朱丽叶》《麦克白》两个剧本来读！而在早晨，你就阅读《圣经》吧！

要是你真这么照做了，那么，结果会怎样呢？渐渐的，不知不觉的，也是必然的，你的辞采会突然变得美丽动人，也渐渐有近乎名人的格局了。正如德国大哲学家歌德所说："请你告诉我，你阅读些什么书，我可以知道你是怎样一个人！"

此外，请你千万记住，你应该要有"恒心"、要有"毅力"，并且要随时利用"余暇的时间"。能够这样实行你的读书计划，我深信你不但能成为伟大的演说家，而且定可完成其他的伟大计划。

3. 读字典

作家马克·吐温，是如何发掘出他优秀的语言才能呢？在他青年时代，曾坐着马车由内华达州到密苏里州。在这样长远的路程，慢慢而辛苦地旅行。当时为了人和马，不得不运载些水和粮食，以至于其他的行李都顾不得了，因为一盎司的水就相当于一份薪水。虽然如此，他却一步也没离开他那本大字典。不论是翻山越岭横度大沙漠，或在印第安纳及盗贼出没的土地上旅行，这本字典都和他长相左右。

英国首相也将这本字典所有的页数反复研读了两次；林肯则是"直到天色暗到看不见为止，还在看字典。"

你对于字典用"读"的看法如何呢？这些人的成功绝非幸

致。优秀的作家及称做雄辩家的人都在努力做同样的事。

威尔逊总统对英语有特殊的才能。他所写的几份书信（如对德宣战书），毋庸置疑地可列入"文学"范畴。他是如何学习语汇的安置呢？他自己如此自述：

我的父亲不许家里任何人用字马马虎虎，只要小孩中有一人用词不当，父亲就会马上纠正他。如果出现不了解的词汇，父亲当场就会教我们，要我们一个一个地在会话当中使用那词汇，好让我们记住。有时候，学生当中有从纽约来的，他们简洁巧妙的用词、扎实的文章，屡次成为赞美的对象。这种能力之秘诀在于，每当遇有不认识的词汇，马上就记在笔记上，然后养成在就寝前查字典的习惯，好将那词汇变成自己的东西。万一在当天无法解决，就去翻更详细的字典，将那语词正确的意义先写在笔记本上，再将它置换成同义词看看。每日一字——这就是座右铭，那也就是一年添加了 365 个新道具在他身上的意思。新词汇先记在小备忘录上，每天每天一有机会就复习它的意义。"一个词汇使用 3 次后，就成为自己的东西了。"他微笑地这样告诉我们。

4. 一百四十次的推敲

要将心中话正确而又极具神韵地表达出来，决不是件容易的事，就连经验老到的作家也觉得困难。美国有一女作家对她的一篇文章要修改 50 次到 100 次。甚至还有多达 140 次的。

其他的小说家也是这般用心。

若要描写一辆开进门的轿车，他一定什么也不忽略，用最富观察力的眼睛，将那情景用最适切的词汇小心地描写出来。除此之外，仔细地想出词藻是再费心不过的了。

每删除一字他就要自问："影像还没消失吧！"如果影像要消失的话，他就会让刚刚省略的复活，消掉其他的部分看看。

这样反复的努力后才是呈现在读者面前的书籍，让我们看到每一个影像都是明确完整地展示着，所以他的作品当然是动人而又美好的。

对我们而言，也许没时间如此勤勉地推敲词汇，引用这个例子是希望大家知道，成功的作家们是多么重视贴切词汇的探求，想要学习演讲的诸位，希望对措辞这方面能有更深的关注。

想要适切地表达心意，吞吞吐吐的好几个"嗯""啊"连在一起是不大好的。请在每天不经意的会话中，实践正确的表达，努力地练习成完美无误的表达方式。

一般人做事嫌麻烦，工作又过忙，以致没有积极地练习正确而又适切的表达。例如某个妇人在叙述"某位男性的特质"、"袖珍狗"、"某某的演奏曲名"、"某某的小说"时，一律笼统地使用了"漂亮的、美丽的"词汇来形容。如果是你，你会不会为它们分别寻出最妥贴的形容词呢？

5. 避开用过的词汇

不仅仅是留心正确的说话，也要致力于新鲜而又独创的说话方式。就是要持有你所想的"有什么就说什么"的勇气。

举一个例子："春花秋月"一般美丽的女孩，这样的形容在初次使用时，是非常优异的表达。因为非常的新鲜、巧妙而贴切、有力而动人，但是到了现在，重视独创性的人们，谁会再使用这种陈腐的表现呢！

在冷凝的气氛当中，你有没有考虑到如何适切地传达你所感受到的寒意？仔细想想，清楚地表达出来，再将它写下来吧！

我曾经问过一位女性作家，如何才能把文章写得有新鲜感，她的回答是这样的："要借重古典诗或散文的技巧，从自己所写的文章当中，仔细推敲字句，务必使每一字都是最精彩、最具独创性的。"

某编辑曾说，在送来的原稿中，一出现两三个陈腐的表达方式，他马上就不再审查。不用读到最后，就可以节省时间将原稿还给作者了。他还说："表达方式没有独创性的人，也别期望他的思想会具有创造性。"

备忘录

（1）我们和人们接触的时候，有4件事容易被来评估我们的价值。那就是：

我们所做的。

我们的面貌。

我们所说的话。

我们用怎样的说法？

某教育家告诉我们："我认为一个绅士淑女所必须具备的教养，只有一个——就是正确而又出色地使用本国母语。

（2）在你的措辞当中，可以反映出你是和何种人交往。因此请仿效林肯，和言词通达的人们交往吧！像林肯一般，你也可以暂时和莎士比亚以及其他伟大的诗人、散文名人共同生活。如此，在不知不觉中，你的心境也会丰富，你的措辞也会带有从那些人身上学到的光辉。

（3）若有阅读报纸的时间，那也多腾出一些阅读名著的时间吧！

（4）把字典放在一边来读书。将它实际运用的话，新的词汇就会陆续定居在你的脑海中。

（5）不要使用陈腔滥调的词汇。将意义明确而切实地传达出来。由同义语中选出适切的词汇来使用的话，你想说的话也会更明确、更新鲜、更漂亮地表达了。

（6）"像冰一样的冷"这一陈腐的比喻不要再用了。努力表现新鲜的、独创的、具有你一己个性与特色的东西吧！